초짜도 바로 300당구

3쿠션 알짜 꿀팁

'초짜'도 바로 300 당구
3쿠션 알짜 꿀팁

개정 2판 1쇄 발행 2025년 12월 5일

지은이 오경근 · 김희연 / **펴낸이** 배충현 / **펴낸곳** 아이디어스토리지 / **등록일** 2016년 10월 14일(제 2016-000203호) / **전화** (031)970-9102 / **팩스** (031)970-9103 / **이메일** ideastorage@naver.com / **ISBN** 979-11-989580-5-1 (13690)

이 도서의 국립중앙도서관 출판예정도서목록(CIP)은 서지정보유통지원시스템 홈페이지(http://seoji.nl.go.kr)와 국가자료종합목록 구축시스템(http://kolis-net.nl.go.kr)에서 이용하실 수 있습니다.

초짜도 바로 300당구

3쿠션 알짜 꿀팁

읽고 따라하면 당신도 당구 고수

'물고기 낚는 법'과 같은 당구 비법

1989년 고등학교 2학년 때부터 재수 시절… 그리고 군입대전 대학교 다닐 때까지였던 것 같다. 우연히 새벽에 당구장을 청소하는 아르바이트를 하게 됐다. 필자가 처음 '당구'라는 스포츠를 접한 계기였다.

오래 전에는 '당구'가 스포츠라는 인식보다 단순히 데이트 또는 오락을 위한 놀이라는 인식이 있었다. 당구장 역시 이런 오락을 위한 장소였고 좋지 않은 일들이 많이 일어났던 것도 사실이다. '당구장'이란 말도 예전에 쓰던 용어다. 근래는 '당구클럽'이란 표현을 많이 쓴다. 필자가 접했던 그때 그 당구장은 소위 동네에서 잘나가는 그런 당구장이었다.

청소. 당구장 영업에서 가장 중요한 것은 '청소'라고 습관처럼 떠들고 다닐 때가 있었다. 필자도 7년 정도 직접 당구장 운영을 했었는데, 이때 절실히 느꼈기 때문이다. 이유는 이 책을 읽다보면 답을 알 수 있어 서두에서는 호기심만 남긴다.

　모든 스포츠 아니 스포츠뿐만 아니라 그 어떤 것도 제대로 하려면 '적당히'는 통하지 않는다. 흔히 말하는 자세부터 시작해서 기본, 정석 등 이런 요소들을 숙달해 나아가야 한다.

　당구도 마찬가지다. 좀 더 세밀하게 요구되는 항목이 있다. 릴렉스, 수양, 집중, 원리 등… 마치 도를 닦고 경지에 이르기 위해 수련하는 수도승처럼 기교와 기술 외에 정신, 육체, 물리적인 당구대 위에 놓여진 상황의 공을 싱크로율 100%에 가깝게 조율해 득점을 위해 집중하는 행동이 가장 중요한 스포츠다. 멋지게 '싱크로율'이란 표현을 썼지만 그냥 감! 즉, '촉'이다. 하지만 그 '촉'도 원리와 법칙을 알면 더욱 확률을 높힐 수 있는 무기로 업그레이드가 된다. 간혹 특별히 촉이 뛰어난 사람이 있지만 대부분의 모든 인간은 특별한 수양을 하지 않는 한 신에게 얻은 그 촉의 수준은 유사하다. 중요한건 업그레이드한 촉의 수준 차이가 바로 당구 30점부터 2000점에 이르기까지 단계를 형성한다는 것이다. 원리와 법칙을 모르고 마구잡이로 행하는 촉은 한계가 있기 마련이다.

　마구잡이로 해도 동네에서 간혹 300점을 넘어 400점, 500점을 치는 사람이 있다. 하지만 이런 사람들은 절대 마구잡이로 터득한 촉이 아니다. 마구잡이로 시작했을지는 몰라도 그 과정에서 원리나 법칙을 깨달은 것이라고 봐야 한다.

당구에는 우주의 원리가 많다.(너무 거창한가? ^^;;) 정사각형 두 개를 접해 놓은 정확한 2:1 비율의 철저한 평지, 무게와 지름이 정확한 완벽하게 둥근 공의 물체들, 마찰개수의 정도나 변화에 따라 정직하게 반응하는 쿠션과 라사지(당구천), 큐를 타고 전달되는 스트로크의 속성에 따라 신기하게 달라지는 구질, 당점의 방향과 회전량의 정도에 따라 변하는 공의 진로 등, 굳이 문과 이과로 학문적인 차원에서 나눈다면 이과계열에 해당된다. 실제 선수들 중 수학 전공자들이 상당수 존재한다.

필자는 대단한 선수는 아니지만 당구계의 멋진 코치는 될 수 있다고 자부한다. 이 책을 집필하기로 한 의도는 단 하나! 대다수의 동호인들이 그냥 촉 수련 또는 일방적인 기술적 레슨을 통해 당구 수준이 달라지길 바라고 있는데 그건 분명 잘못되었기 때문이다. 딱딱하게 굳은 그 틀을 벗어나지 못하면 300점, 그 이상은 그냥 스크린 속 영화의 한 장면일 수밖에 없다. 이 책을 통해 동호인들이 당구에 대한 원리와 법칙을 깨닫는다면 혼자 연구할 수 있고, 혼자 연습을 할 수 있게 된다. 물고기 대신 '물고기 낚는 법'을 알 수 있는 비법이라고 할까?

책 한 권으로 모든 것을 다 수록할 순 없다. 하지만 어떻게든 핵심을 보다 명쾌히 전달하고 싶은 욕심에 수정을 거듭하며 '꿀팁 요점 50가지'를 엄선해 정리했다.

PART 04 '굿 샷'을 부르는 고수의 기술

PART 05 300 당구의 완성, 고수의 자세

Section+ 심화 · 응용 Tip 20

PART 01 당구에 대한 개념과 속성파악

PART 02 기술에 대한 원리와 적용 방법

PART 01 튼튼한 '기본기'가 '실력'

게임의 매너

기술보다 자세가 먼저다

이 책은 대대를 기준으로 기술했다. 대대와 중대의 가장 큰 차이는 크기다. 그렇다면 공통점은 무엇일까. 하나를 꼽으라면 '매너'다.

대대에서 진지한 모습과 태도가 중대에서는 달라지는 경우가 있다. 간혹 중대는 떠들고 장난스럽게 행동해도 된다고 생각한다. 잘못된 생각이다. 당구를 치는 자세와 매너는 당구대의 크기와 상관없이 같아야 한다.

그렇다면 대대는 왜 매너를 지켜야 한다는 생각이 들까? 그것은 바로 1 대 1로 게임이 진행되고, 실상 진지하지 않으면 잘 맞추기가 쉽지 않아 집중을 하는 과정에서 잔소리나 불필요한 행동을 자제하게 되는 것이다. 또한 최근 대대 3쿠션이 전국적으로 퍼지고 당구 전문 TV 등 각종 매체를 통해 프로 선수들의 진지하고 매너있는 모습이 자연스럽게 대중들에게 전달된 것도 이유다.

모든 스포츠나 게임이 그렇듯 당구도 마찬가지다. 상대방에 대한 배려와 예의는 필수다. 당구 관련 기본 매너는 다음과 같다.

● 경기 전·후 서로 간 인사는 기본이다.

'한 수 배우겠습니다' '열심히 치겠습니다' '반갑습니다' '잘쳤습니다' '잘 배웠습니다' '다음에 한 수 더 지도 바랍니다' 등

● 상대가 공을 치려고 허리를 숙이면 다른 행동은 하지 않는다.

당구에서 허리를 숙이는 순간은 머리 속 구상을 실제 구현하기 위해 집중하는 짧은 순간이다. 따라서 그 순간에는 다른 행동(큐 손질, 음료수 마시기 등)을 하지 않도록 한다.

● 겨냥한 공의 시선에 들어가지 않는다.

상대선수가 수구를 겨냥했는데, 공교롭게도 그 큐의 연장선에 내가 앉아있다면 시선을 피해주거나 자리에서 일어나 살짝 옆으로 비켜준다.

● 상대방의 멋진 플레이를 칭찬하자.

'굿 샷' '나이스' 등 또는 말없이 초크로 큐나 테이블 한 쪽을 톡톡 치는 동작으로 상대방의 멋진 플레이를 칭찬하는 것도 게임을 즐겁게 만든다.

● 상대방의 득점을 알려주자.

상대선수가 3득점을 진행했을 경우 득점할 때마다 들리도록 1점, 2점, 3점… 최종적으로는 "3점"하고 현재 득점을 명확하게 말해주자.

● 마지막 남은 점수 5점 부터는 친점수와 남은 점수를 함께 말해준다.

'2점, 나머지 5점', '3점, 나머지 4점', '4점, 나머지 3점' 그리고 최종적으로 "4점 치셨습니다"라고 말하고 자신의 이닝을 준비하러 일어나면 된다.

● 경기 중 상대를 가르치려 하지 말자.

아무리 본인이 고점자라도 계획된 경기(레슨 등)가 아닌 한 하점자가 구사하는 구질에 대하여 지도를 하려 해서는 안 된다. 아쉬운 부분은 기억해두었다가 경기 종료 후 복기를 해주는 것이 적절하다.

● 상대 선수가 경기에 집중하는 것을 방해하지 말자.

기타 매너와 비매너는 각자 판단하자. 기준은 하나다. 상대선수를 신경쓰이게 하거나 불편하게만 안하면 된다. 입장을 바꿔놓고 생각하면 본인의 행동이 비매너인지 매너인지는 바로 알 수 있다.

초크 사용법

파내지 말고 발라라

가죽이나 합성수지로 된 팁은 수구를 많이 가격하게 되면 맨들거려지면서 미스샷을 유발하기도 한다. 그럴 때 초크를 발라 팁 끝을 거칠게 해주면 미스샷을 예방할 수 있다. 초크 사용 방법도 고수를 따라할 필요가 있다. 초크 사용 방법만 봐도 고수와 하수가 구분되기 때문이다.

초크는 '발라 주는 것'이다. '파내는 것'이 아니란 뜻이다. 초크는 팁 전면 부위에 골고루 살짝 살짝 발라 주면 된다.

"초크는 심하게 바른다고 덜 미스샷을 낸다?" 잘못된 말은 아니지만 너무 많이 바를 필요까진 없다. 그냥 예민한 행동이다. 그리고 보통 경기를 할 때 테이블 컨디션이 늘어지는 편인데 그건 공도 깨끗하기도 하지만 테이블도 깨끗한 상태여서 그런 것인데 경기 중 20~30분이 경과되면서 짧아지는 각이 생기게 된다. 그 주범이 바로 초크가루다. 따라서 초크 사용은 최소의 행위로 슬쩍 2~3회 발라만 주면 된다. 바를 때 큐

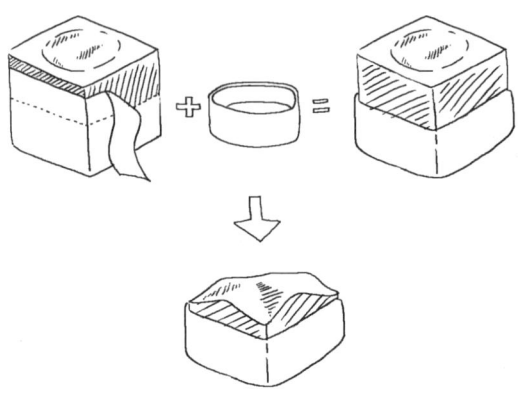

끝을 잡고 바르는 반대방향으로 큐를 돌려주면 짧은 2~3회의 모션으로 전면에 골고루 바를 수 있다. 동네 클럽에서 고점자가 '쓱쓱' 초크를 소리없이 바르고 점잖게 내려놓을땐 웬지 공을 치지 않았는데도 고수의 냄새가 나는 듯하다.

초크는 어느 정도 쓰면 겉에 인쇄된 종이가 불편하다. 미리 구매한 초크를 어느 정도 커터칼로 도려낸 후 벗겨내고 쓰는 게 좋고, 고무 그립을 1cm 정도 두께로 잘라내어 손에 쥐어지는 부분에 끼어 넣어 사용하면 그립감이 더욱 좋다.

초크는 개인장비에 해당됨으로 본인 이닝을 끝내면 상대선수에 방해되지 않도록 테이블에서 반드시 갖고 나와야 한다.

이상적인 큐걸이

올바른 샷을 위한 기초

올바른 샷이 나오기 위해서는 기초가 중요하다. 그리고 샷의 기초는 바로 '큐걸이'다. 기본이 안 된 큐걸이에서 좋은 샷이 나온다는 건 불가능하다.

큐걸이는 브릿지(Bridge)라고도 한다. 강을 가로 질러 놓여 있는 다리처럼 '큐를 걸어주는 역할'을 하기 때문이다.

당구대에 놓여 진 공을 공략하려면 우선 '어떤 샷을 할 것인지' 초이스를 한다. 그리고 샷 이후 상대방의 공격을 방어하기 위해 공이 놓일 위치도 생각한다면 중요한 것은 '두께'와 '힘 조절'이 되게 된다. 또한 목적구를 맞추러 가기 위해 '당점'과 '회전량'도 중요하고 최종적으로 '밀어서' 구사할 것인지, '끊어서' 구사할 것인지, 큐를 '깊게' 또는 '짧게' 넣을 것인지 '샷'(스트로크)을 준비한다.

강한 샷을 구사할 경우 큐걸이는 엄지 검지부터 중지 약지 새끼손가락까지 튼튼히 고정을 해줘야 한다. 반대로 부드럽

고 정교한 샷을 위한 큐걸이는 손에 힘을 빼주고 큐대를 감싸
만 줘야 한다. 큐걸이에서 가장 중요한 손가락은 단연코 '중
지'다. 버팀목인 기둥 역할을 하기 때문이다. 참고로 선수급들
은 중지에 굳은살이 많다.

　레일에 붙어 있는 공을 구사하는 레일큐걸이, 자세가 나오
기 힘든 먼 곳에 있는 수구를 공략할 때 필요한 오픈큐걸이,
마세큐걸이 등 큐걸이의 모양은 펼쳐진 상황에 어울리게 변화
를 줘야 한다.

A 유형　가장 이상적인 일반형 큐걸이. 건물의 기둥과 같은 역
할을 하는 중지가 중요하다. 다음으로 큐의 상대 부분을 검지
와 엄지로 부드럽게 감싸 쥐면 된다. 엄지 첫 번째 마디가 중
지의 두 번째 마디에 접하도록 하고, 엄지의 끝이 바깥으로 향
하게 하는 것이 핵심이다.

B 유형　레일에서의 보편적인 큐걸이. 버팀목 역할은 역시 중
지다. 검지와 엄지로 큐 상대를 부드럽게 조여주면 된다.

C 유형　큐를 세워야하는 경우. 즉, '마세' 자세다. 마세 큐걸이
는 다양해서 대표적인 유형을 예를 들었다. 중지의 역할은 같
으며 엄지와 검지로 큐 상대를 잡아준다.

D 유형 자세가 안 나오는 경우 손을 쭉 뻗어 취하는 오픈 큐걸이다. 강한 샷이나 비트는 샷은 실수할 확률이 높다. 습관적으로 평범한 샷도 오픈 큐걸이를 취하는 분들이 많은데 자제해야 할 하점자의 모습이다.

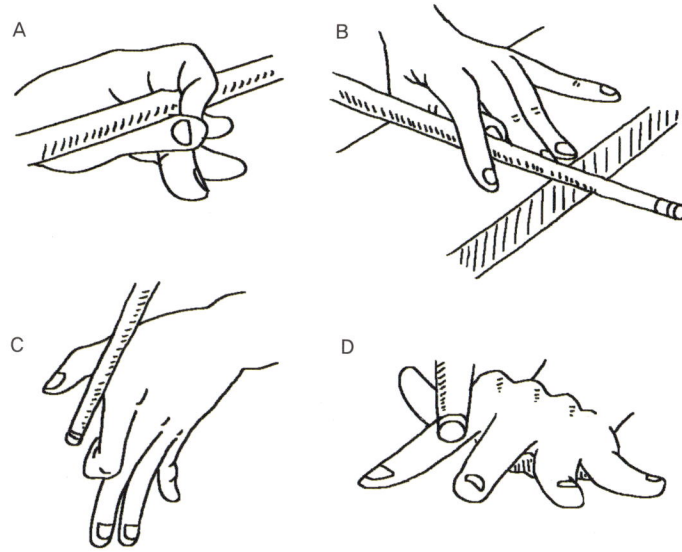

04 이상적인 그립

샷에 따라 각양각색

그립(Grip)은 하대 뒷부분을 움켜쥐는 것을 말하는데 선수들마다 다양하다. 하지만 자칫 착각할 수 있다. 스트로크와 마찬가지로 그립도 구사하려는 샷의 유형에 따라 여러 가지로 바뀌기 때문이다. 그립의 형태를 살펴보자.

A 유형 모든 손가락과 손바닥을 이용해 달걀을 움켜 쥔 듯한 일반적인 그립이다. 끊어치기도, 밀어치기도 아닌 평범히 '툭~' 또는 '쓰~윽' 굴려치는 샷을 구사할 때 사용한다. 전체적으로 편안하게 감싸 쥔다.

B 유형 엄지, 약지, 소지에 비중을 실어 구사하는 그립이다. 밀어치기나 팔로우샷처럼 묵직하게 공을 보내고 싶을 때 사용한다. 고수들이 종종 사용해 하수들의 로망인 샷이기도 하다. 이 그립을 통해 공을 묵직하게 보내는 능력이 생기게 되면 어

지간한 공은 일부러 얇게 구사하려는 부담을 떨쳐도 된다. 또한 '슬쩍' 쳤는데도 끝까지 구르는 고수들의 멋진 샷도 따라 할 수 있다. '관통샷'이라고 표현하기도 한다.

C 유형 엄지와 검지, 중지에 비중을 실어 구사하는 그립이다. 주로 순간 스피드나 동작을 취하고 싶을 때 사용된다. 큐의 무게를 이용하여 날려 칠 때(던져 칠 때), 잘라 칠 때, 끊어 칠 때도 사용된다.

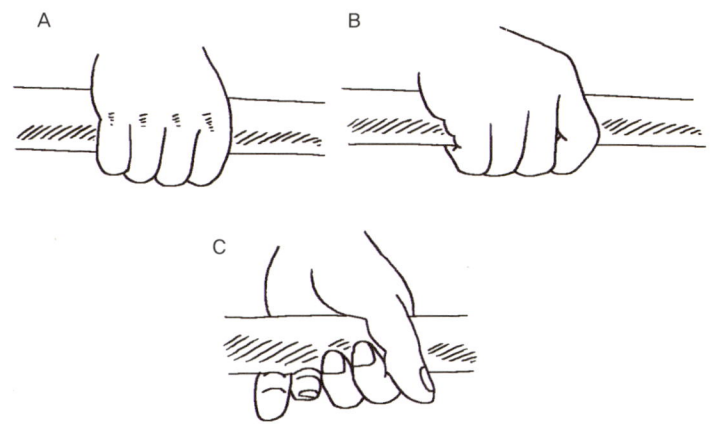

이 외에도 손가락으로 '잡는 둥, 마는 둥' 슬쩍 걸치기만하고 구사하는 그립, 손목만 이용해 샷을 감각적으로 구사하는 형태의 그립도 있다. 어느 정도 수준이 되면 각자 자기만의 스타일에 맞게 그립이 만들어지기도 한다.

"어떤 자세가 좋은 자세냐?"라는 질문에 어느 누가 이런 답변을 했다. "자기한테 가장 편한 자세가 가장 좋은 자세다."

맞는 말이지만 간혹 안 좋은 자세임에도 불구하고 습관이 돼 편하게 느껴지는 자세는 아닌지 객관적으로 체크해 볼 필요가 있다.

05

이상적인 스탠스

무게중심은 양발에 고르게

'스탠스(Stance)'. 여기에선 '자세'라고 표현한다. 애써 영어로 표기하는 국내 당구용어들이 개인적으로 맘에 안 든다. 일본 어로 된 용어는 외래어이고 영어는 외래어가 아닌가? 그럼 모 두다 영어로 표기하던가 해야지…. '하꼬' '우라마시' '짱꼴라' 등 공공연하게 매우 익숙한 단어는 천박하게 내몰고 '제각돌 리기' '바깥돌리기' '긴각빗겨치기' 등 애써 한글로 표기하려는 모습도 우습다. 왜정 때 자격지심의 잔재라고 본다. 이제 그 런 정체성 없이 사용되는 단어는 개인적으로 근절하고 싶다. '쫑'은 천박한 단어고 '키스'는 교양있는 단어인가? 이 지면을 빌어 꼭 하고 싶던 말이다. (잠시 옆길로 새어 송구스러움을 표하며…)

스포츠는 자신감이다. 당구에서 자신감은 자세에서 가장 많 이 표현된다. 마치 외로운 혼자만의 싸움이 아닌 우군의 지원 을 받는 듯한 느낌이랄까? 이왕 지원받을 우군이라면 든든하고 믿음직한 놈으로 지원을 받고 싶지 않은가?

'자세'란 허리를 숙여 취한 큐걸이와 그립의 모습을 보고 말하는 성향이 대부분인데 필자는 그렇게 보고 싶지 않다. 골프에서도 그렇고 야구에서도 그렇듯 '타석'에 들어서기 전에 내가 구사하려는 스윙을 위한 예비 동작들도 매우 중요한 자세 중 일부다. 그런 면에선 공을 치기 위해 '빠~히' 놓여 진 상황을 주시하는 순간부터 자세는 시작이 되는 것이다. 그리고 최종 샷을 구사하고 허리를 펴는 순간도 자세다.

특히 '1 목적구'를 예민하게 구사하기 위해서는 오른발의 시작점부터 모든 자세가 각 단계별로 이뤄진다(오른손잡이 경우). 자세는 한번 어긋나면 허리를 굽힌 상태에서 교정하기가 매우 까다롭다. 또는 집중한 신경들이 흐트러져서 정교한 촉이 흐려지게 된다. 뒤의 〈그림〉과 같은 단계별 자세를 정확하게 취해준다면 적어도 자신감 증폭에 도움을 줄 것이다. 보편적으로 이상적인 자세를 〈그림〉을 통해 관찰하도록 하자.

측면(후면)에서 보았을 때 A부분이 수직이 되도록 허리를 숙이면서 수구를 겨냥한다. 그 다음 예비 스트로크 동작을 취해야 한다. 그러면 자연스럽게 예비 스트로크 중 수구에 가장 가까이 와서 멈춰지는 순간은 항상 팔의 하박이 수직이 될 수밖에 없다(수직을 지나게 되면 수구에 닿음으로). 자세를 낮추거나 세울 때 굽혀진 각도는 사람마다 달라질 수 있다. 하지만 팔 하박은 항상 수직이어야 한다. 스트로크는 진자운동이고 가장 이상적

● **그림** 이상적인 자세

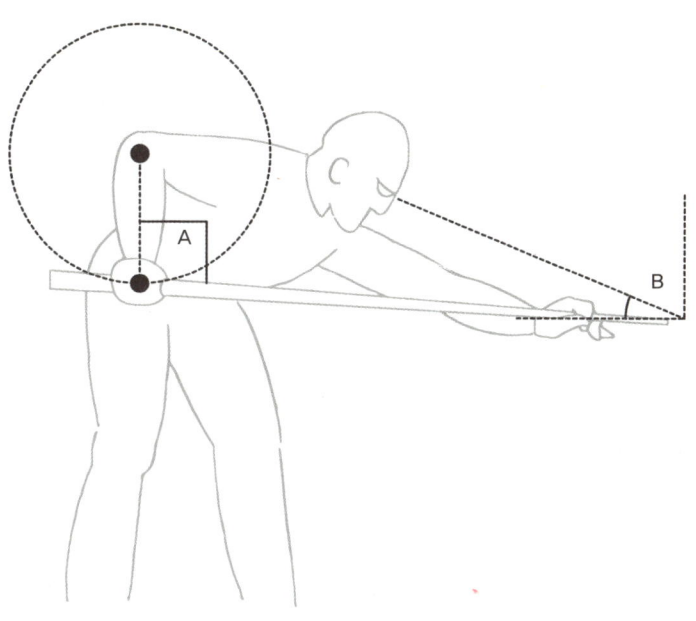

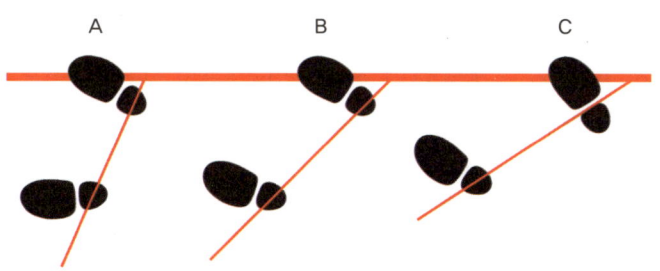

인 타격점은 바로 맨 하단에 내려왔을 때이기 때문이다.

B의 각도는 섬세한 두께를 겨냥할 때 예각을 이루고 시야확보를 필요로 할수록 둔각을 이룬다. 당구는 상황에 따라 시야확보가 필요할 때도 있고, 섬세하게 겨냥해야할 때도 있다. 언제 낮추고 언제 높이는지 개념을 아는 것이 중요하기에 B지점의 각도는 중요한 것이다.

A스탠스는 정방향 스탠스로서 간결하거나 정교한 샷을 구사할 때 필요하다. 상체도 가급적 앞을 향하는 느낌으로 자세를 취해주면 스윙을 하는 손이 비틀리는 것을 최소화 할 수 있다. **B스탠스는** 일반형으로서 가장 보편적인 스탠스로 보면 된다. **C스탠스는** 공격형 스탠스로서 강한 샷을 날리거나 액션이 큰 동작에 적합하다. 이 스탠스는 큐를 비틀 염려가 다분함으로 신경을 바짝 써서 스트로크를 해야 한다.

다리를 구부리는 정도는 신체유형마다 다름으로 '살짝 접는 게 좋다' '펴는 게 좋다'는 정답이 있을 수 없으나 대체적으로 펴는 것이 장시간 플레이에는 도움이 된다. 또한 무게중심은 어느 한 다리에 쏠리지 말고 전체적으로 안정적으로 취해주면 좋은 자세인 것이다.

6속성

가장 중요한 여섯 가지

당구 이론에서 수능문제가 나온다면 아마 이 부분일 것이다. 당구에서는 가장 중요한 여섯 가지 속성이 있다 그래서 '6속성'이란 표현을 쓰도록 한다.

6속성은 ①초이스 ②두께 ③당점의 방향 ④회전량 ⑤큐의 깊이(스피드) ⑥샷의 종류(스트로크)다.

상대가 친 공이 멈춘 순간부터, 공을 치기 위해 허리를 숙이기까지 6속성의 설계를 마쳐져야 한다. 또한 예비 스트로크는 설계한 6속성에 최대한 가깝게 촉을 높이는 행위다.

첫째, 초이스는 놓여진 공의 상태를 보고 빠르게 판단해야 하는 중요한 첫 단추다. 초이스를 '무엇을 구사할 것인가?'에 따라 나머지 2, 3, 4, 5, 6번이 순서대로 정해진다. 첫 단추를 제대로 못 꿰면 전체 모습이 엉클어지는 것과 같다.

두 번째 두께, 두께는 1/2을 기준으로 크게 벗어나지 않아야 좋다. 예민한 두께 즉, 아주 얇거나 매우 두껍거나 하면 콘

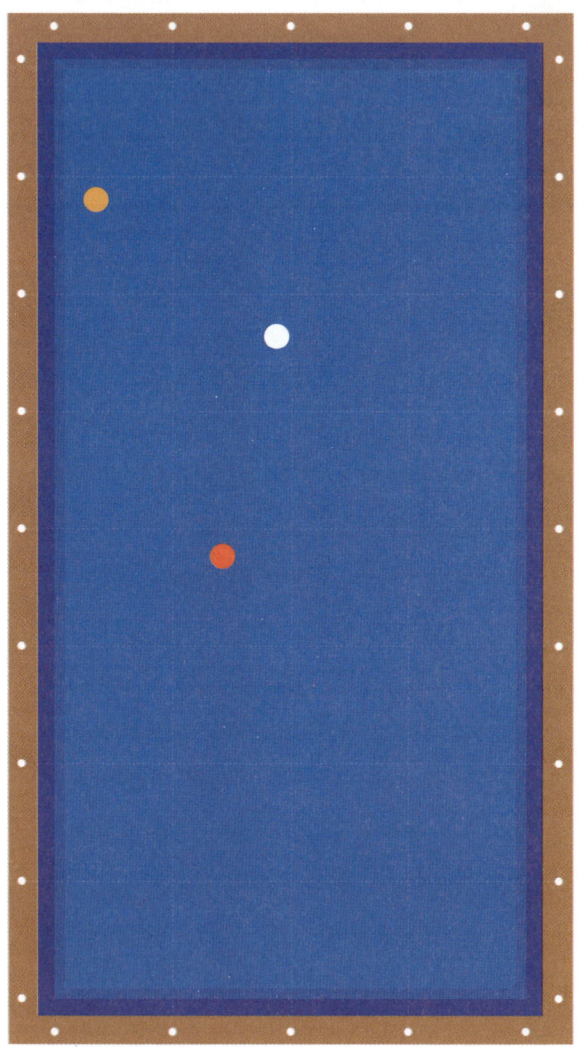

트롤하기 힘들기 때문이다. 치기도 편하고 공의 분리각이 자연스러운 1/2 두께를 정해놓고 나머지는 당점과 회전량 또는 스트로크로 분리각을 만든다. 그러면 어지간한 기본공은 쉽게 의도대로 보낼 수 있을 것이다.

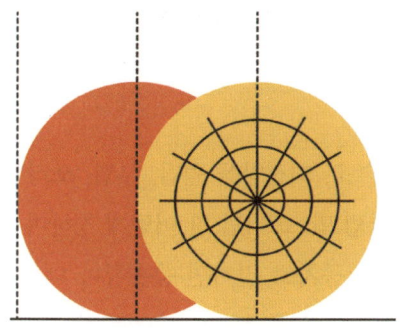

　셋째 당점, 12시 방향부터 11시 방향, 좀 더 세분해서 12시 30분 방향부터 11시 30분 방향, 좀 더 세분해서 12시 10분 방향부터 11시 50분 방향…. 이렇게 정해지는 것이 당점의 방향이다. 당점의 방향은 수구를 '밀고 갈 것인지, 끌 것인지' 또는 '미끄러질 것인지' 여부를 결정짓는 역할을 하게 된다. 자동차로 말하면 핸들과 마찬가지다.

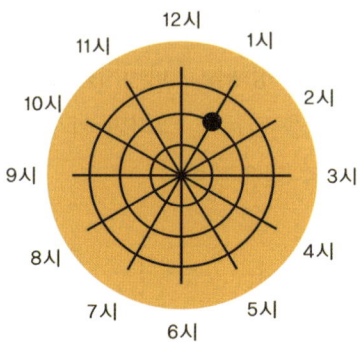

네 번째 회전량(팁), 회전양을 원팁, 투팁, 쓰리팁 또는 세분해서 원팁 반, 투팁 반, 쓰리팁 반 이렇게 칭하며 회전양의 정도를 의미한다. 자동차로 말하면 윤활류나 액셀로 볼 수 있다. 공의 구름과 움직임을 부드럽게 가속화 시키는 역할이라는 것이다.

보통 고수들은 회전양을 많이 주는 것으로 아는데 꼭 그렇지는 않다. 고점자들은 무팁(0팁)과 3.5팁을 자주 넘나들며 상황에 어울리게 구사한다. 물론 당점의 방향과 섞여서 말이다. 회전양은 당점의 방향과 매우 밀접한 관계를 갖고 있으며 반드시 함께 해석돼 한다.

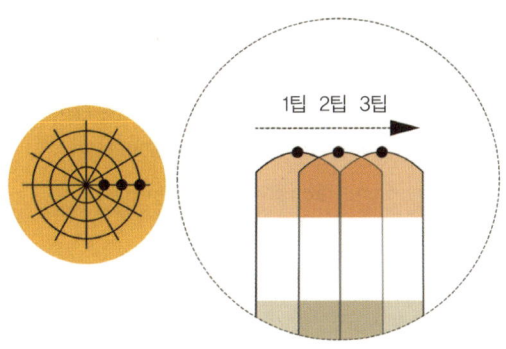

　다섯 번째 큐의 깊이, 큐의 깊이는 두께의 속성과 함께 해석 되어야 한다. 두께와 큐의 깊이는 다음 공의 배치를 이끄는 매우 중요한 역할을 하기 때문이다. 다득점으로 이어지는 기회를 만들 수도 있고 상대방의 득점을 어렵게 하는 효과적인 수비도 큐의 깊이, 두께로 조절할 수 있다. 큐의 깊이는 '어느 정도 속도로 깊이 큐가 들어가느냐'로 결정된다.

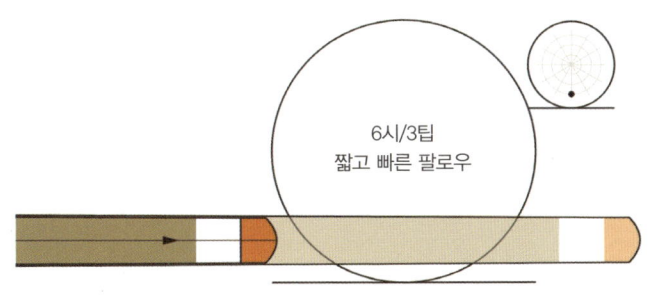

30km/h 속도로 B깊이

※ 자기만의 정도를 세 가지 유형으로 갖추자(더 세분화 가능)

	큐의 깊이 정도	큐의 속도 정도
A	30cm깊게(수~욱)	10km/h : 느리게
B	15cm중간(적당히)	30km/h : 보통
C	5cm간결히(짧게)	100km/h: 빠르게

여섯 번째 스트로크. '짧게 잘라' 칠 것인지 '길게 밀어' 칠 것인지, '간결하게 던져' 칠 것인지…. 스트로크는 앞서 다섯 가지가 모두 정해졌다면 실행에 옮기는 실무자 역할을 한다.

아무리 설계를 잘했을지라도 스트로크에서 망가지면 모든 설계가 수포로 돌아가는 허무함을 느낄 것이다. 그게 바로 '쫑!'이나 '삑!' 또는 원치 않게 허공을 가르는 소위 '삽질샷'이 되는 것이다. 진지하게 설계한 5가지 속성이 빛을 발하려면 처절히 배고픈 매의 눈과 같이 집중해 스트로크를 마무리 해야 할 것이다.

당구선수들이 샷을 구사할 때 매서운 눈을 뜨는 이유는 모든 설계를 수포로 돌리지 않기 위해 마지막 속성인 샷에 집중하는 것이다.

07

스트로크 |

밀어치기

당구는 테이블에 놓여진 공의 상황을 해결하기 위해 적절한 여섯 가지 속성(6속성)을 찾고 그걸 제대로 구사하려는 '촉의 게임'이다. 특히 가장 중요하다고 볼 수 있는 항목이 마지막인 '샷!' 즉, '스트로크'다.

샷의 종류는 무척 많지만 첫 번째를 꼽는다면 '밀어치기'다. 고점자로 가는 지름길은 바로 '밀어치기를 구사할 줄 아느냐 못하느냐'의 차이라고 단정해도 과언이 아니다.

우선 당구를 즐기는 동호인들 대부분은 용어를 잘못 이해하고 있는 것 같다. 밀어치기를 소위 '오시'로 생각하는데 그 것과는 다르다. 오시는 정확히 말하면 '굴려치기'라고 말할 수 있다. 밀어치기는 당점을 상단에 주든, 하단에 주든 공이라는 물체 자체를 밀어내는 샷을 뜻한다. 공의 무게가 200g이라고 가정하자(실제 규정엔 국제 3쿠션 공인구 지름 61.5mm에 무게는 205g~220g을 사용). 200g 무게의 공을 30km/h의 속도로 밀어친다면, 반대로 200g의 공이 나를 30km/h의 속도로 나를 밀어치는 것과 같은데 서로에게 충격이 시작되는 임팩트 순간인 〈그림〉의 D지점부터 밀리지 않고 이겨내는 행위의 정도를 말하는 것이다.

밀어치기라고 해서 큐를 앞으로 '쭉~' 뻗는 행위로 아는 분들이 많은데 짧은 거리라도 밀어치는 샷이 있고 먼 거리라도 끊어치는 샷이 있는 것이다. 특히 공에 닿는 순간 충격을 이기기 위해서는 D지점부터 그립을 움켜쥐고 가속도가 이루어지

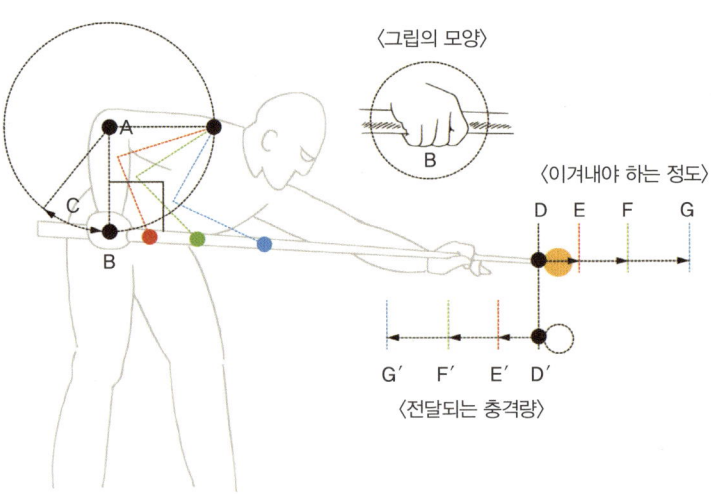

〈그림의 모양〉

〈이겨내야 하는 정도〉

〈전달되는 충격량〉

는 기분으로 쳐야 200g의 수구를 온전히 밀어내는 샷을 느낄수 있다.

그림의 모양(B)을 약지와 소지로 움켜쥐는 이유는 보다 더 효과적으로 밀리지 않기 위해 밀어내는 근육을 사용하기 때문이다.

Tip

밀어치기가 구사되면 실력이 '쑥~' 느는 이유는 공을 단순히 촉이 아닌 운전하듯 보내게 됨으로서 겨냥하는 목적지에 도달되는 정확성이 훨씬 가까워지기 때문이다. 또한 밀어치기는 공에 내공(Power)이 전달되어 이동됨으로, 공의 구름이 천천히 가는 듯해도 멀리 또는 오래 지속시킬 수 있다는 장점이 있다. 굳이 단점이라고 말할 수 없지만 물체를 '밀어내는 샷'이다 보니 물리적으로 회전양은 '끊어치기 샷'을 따라잡을 순 없다.

08

스트로크 II

끌어치기

공은 치거나 밀면 전진하는 것이 물리적으로 당연한다. 또한 아무리 빠른 속도로 타격해도 탄성력으로 튕기는 각은 한계가 있기 마련이다. 하지만 물리적인 것을 역행해 변칙적인 각을 형성해야 하는 경우가 많다. 변칙적인 각을 형성하기 위한 것이 바로 '끌어치기'다.

일반적인 간단한 끌어치기는 팔꿈치만 접으면 해결된다. 하지만 상당수의 동호인들은 과연 팔꿈치만을 이용할까? 소위 큰 끌림을 형성하기 위해서는 '파워 끌어치기'가 필요하다고 생각한다. 따라서 크고 빠른 스윙을 하려고 하는데 바람직하지 않다. 끌어치기는 6시 3팁을 주고 곧게 팔꿈치만 접어주듯 스트로크를 가하면 된다. 끌리는 정도에 따른 변화를 감지하고 저장해 상황에 어울리도록 구사하면 되는 것이다.

주의할 점은 3팁을 주었을 경우 미스샷 확률이 높다는 것이다. 따라서 큐걸이를 튼튼히해 당점이 흔들리지 않도록 해야

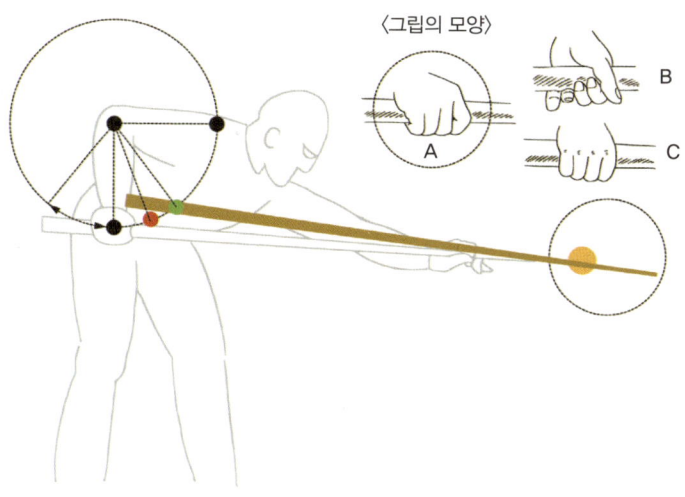

〈그립의 모양〉

A

B

C

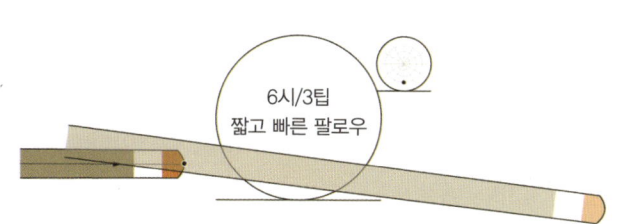

6시/3팁
짧고 빠른 팔로우

한다. 그립의 모양과 샷의 종류(밀어치기, 던져치기, 잡아치기 등)에 따라 공의 변화는 각각 달라진다.

〈그림〉에서 A그립은 밀어서 끌어치기를 하는 것이다. 이럴 경우 순간적인 스핀은 크지 않아 멀리있는 공을 끌 때는 사용해선 안 된다. 하지만 일단 공이 끌리면 파워가 들어가서 장거리 이동이 가능해지는 그립 방식이다.

B그립 형태는 '던져서 끌어치는' 유형이다. 멀리 있는 공을 끌 때 유용하나 공에 파워나 장거리 이동에는 문제가 많다.

C그립은 잡아서 끌어치는 유형인데 스피드와 함께 동원되는 그립 방식이다. 순간적인 스핀이 엄청나서 예술구를 구사할 때 많이 사용된다. 투바운딩처럼 흔한 예술구를 구사할 때 이 그립 방식을 구사한다. 짧은 거리를 빠르게 이동하고 마지막에 '꽉!' 잡아주는 것이다. '아하~!'하며 이 그립샷에 감동받을 독자들이 많을 것이다.

대부분의 초보자들은 끌어치기에서 당구의 매력을 느낀다. 그래서 '애매한 수준'의 사람들은 '애매한 공'은 모두 끌어치기로 해결하려 한다. 하지만 아주 좋지 않은 습관이다. 끌어치기는 밀어치기와 마찬가지로 평범히 구사하기 힘든 경우에만 선택하는 것이 바람직하다.

스트로크 Ⅲ

던져치기

던져치기는 '좀 친다'는 고수들 사이에서 자주 등장하는 소위 팔로우(Follow)가 필요한 스트로크다.

물리적인 해석으로는 큐의 진행이 등가속도를 이뤄서 공에 부딪치는 순간 임팩트가 다른 스트로크에 비해 강하게 전달된다는 장점이 있다. 굳이 힘이나 스피드를 억지로 내지 않고 큐를 가볍게 던져만 놓음으로 공의 움직임을 활력 있게 하는 것이다. 가령 대회전을 돌려야하는데 손쉽게 돌리고 싶을 경우, 또는 근접된 거리에서 활력있는 공의 움직임을 구사하고 싶을 때 활용하기 좋은 스트로크다.

던져치기의 장점은 많다. 자세가 잘 안 나오거나 주된 팔이 아닌 반대 팔로 칠 경우 등에서 던져치기를 구사함으로서 큰 스윙이나 힘을 안주고도 공의 회전을 원활하게 할 수 있다.

또 다른 특징은 큐의 무게로만 친다는 것이다. 가볍게 던지 듯 큐의 무게로만 임팩트를 가했을 경우 '키스'가 있는 공을 자연스럽게 빼내기에도 용이하다.

던져치기의 핵심 요령은 스냅에 있다. 그것도 그냥 스냅이 아닌 엄지, 검지, 중지만을 이용해야 한다. 스피드를 내는 근육이 세 손가락을 타고 뭉쳐있기 때문이다. 물론 곧게 던져야 한다. 사실 던져치기만 제대로 구사해도 친구들 사이에선 '막강 300'은 충분히 될 수 있다. 그 정도로 멋진 스트로크임에는 틀림없다.

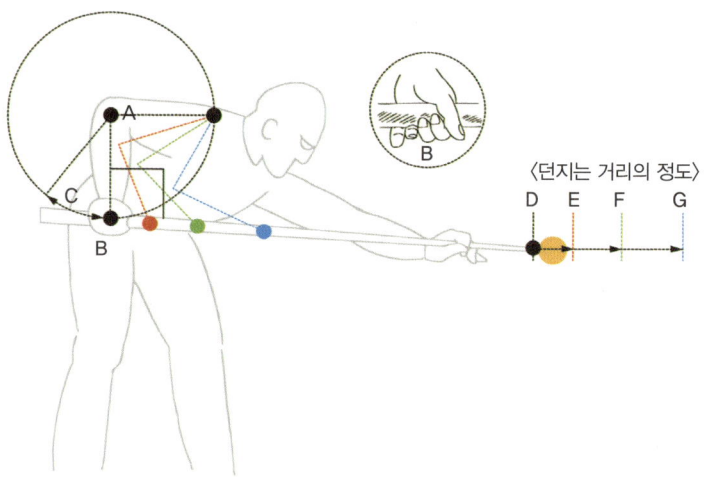

〈던지는 거리의 정도〉

Tip 던져치기는 힘이 없거나 자세가 잘 나오지 않는데 수구에 힘을 전달하고 싶은 경우 유용하게 쓰이는 샷이다. "큐 무게로만 친다"라는 말과는 차이가 있으니 혼동하면 안 된다.

10

스트로크 Ⅳ

'끊어치기'는 '잡아치기'

순간적인 스핀(Spin)을 자랑하는 스트로크다. 고수인 경우 실제 경기에서는 거의 구사하지 않는 샷이다. 반대로 하점자인 경우 남발한다. 하점자가 구사하는 소위 '끊어치기'는 '끊어친다'라는 것보다 '때려친다'는 표현이 옳다.

올바른 끊어치기는 짧은 거리를 스피드한 팔로우로 넣고 큐는 멈추는 것이다. '스톱샷(Stop Shot)'이라고도 한다.

끊어치는 샷의 마지막은 그립을 모두 움켜쥐면서 마무리되고 스피드가 함께 어울려 졌을 때 그 진면목이 나타난다. 바로 흔히 말하는 예술구가 탄생한다.

예술구는 대단한 파워, 백스윙, 롱팔로우샷 등으로 구사된다고 생각하기 쉽지만 사실은 다르다. 물론 강한 백스윙과 롱팔로우샷을 하면서 스피드와 끊어치기가 된다면 멋진 예술구가 탄생할 것이다. 하지만 일반적으로 백스윙을 크게 하면서 롱팔로우까지 스피드있게 이루기는 힘들다. 흔히 보는 예술구는 빠른 스피드와 정확한 당점 그리고 마지막에 갑자기 멈추는 끊어치는 타법이 합쳐질 때 회전력이 극대화되면서 공이 살아 움직이듯 요동친다.

습관적으로 때려치는 이유는 당구공을 쳐다볼 때 무의식적으로 '묵직~하다'라는 착각에 빠지기 때문이다. 물론 묵직하다. 하지만 '묵직한 기준이 무엇이냐'에 따라 당구공은 가벼운 물체일수도, 정말 무거운 물체일수도 있다. 무겁다고 생각하기에 그 충격을 피하고자 자신도 모르게 '딱!' '퉁!'하고 때려치는 것이다.

공을 가격할 때 충격이 전해졌다면 그건 '끊어'친 것이 아닌

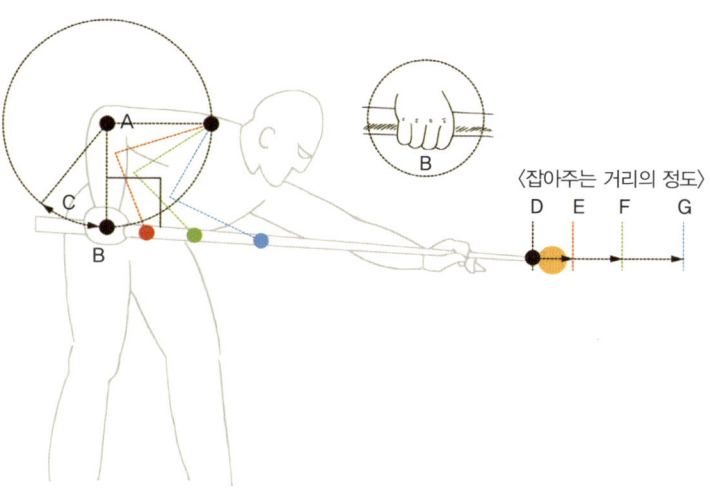

'때려'친 것이다. 그리고 빠른 스피드를 구사하려면 그립부분을 쥔 손가락이 큐를 모두 움켜잡으면 불리하다. 앞서 말한 던져치기 그립감으로 구사해야 손쉽게 큐의 스피드를 낼 수가 있다. '빠르게 던진 후 콱!' 절도 있게 움켜 잡는 것이다. 가급적 롱팔로우면 더욱 파워는 강해진다. 당장 시도해 보아라. 아마 '투바운딩은 누워서 떡먹기'라는 것을 실감할 것이다.

예술구를 구사하려거든 가급적 수구와 1적구의 거리를 가까이 하고 두께를 두껍게 맞춰야 한다. 수구는 체공시간이 적을수록 자신이 가지고 있는 에너지를 최대한 뽐내기 때문이다. 물론 반대로 체공시간이 길어지면 수구에게 전달된 속성이 체공거리를 지나면서 마찰에 의해 많이 사라진다.

먼 거리에 있는 적구를 맞고 내 공을 끌어치고 싶을 경우, 가다가 끌리는 역회전이 풀려버리면 끌리기는 커녕 오히려 맞고 앞으로 간다. 이런 경우가 그렇다.

PART 02 '쿠션볼'을 위한 필수 테크닉

아 나…

11

굴려치기

선수든, 일반인이든 내기 당구를 즐기는 사람에게나 어떤 누구에게나 긴장이라는 것은 따르기 마련이다. 오죽했으면 당구를 멘탈 스포츠라고 했을까? 그만큼 평정심이 조금만 흔들려도 경기에 바로 영향을 미치기 때문이다. 프로 선수도 TV 방송 경기에 임하게 되면 그때의 긴장감은 최고조에 이른다고 들었다. 소위 '멘붕'이 오는 경우가 비일비재하다는 것이다. 스트로크 설명을 하면서 이같은 이야기를 전하는 것은 '멘붕'이 왔을 때 구사하면 가장 좋은 스트로크가 바로 '굴려치기'이기 때문이다.

굴려치기는 제대로 마스터하면 던져치기나 끊어치기처럼 화려하진 않지만 평범한 초이스에서 득점을 가장 편하게 올릴 수 있다.

등속운동으로 큐를 보내야 하는 굴려치기는 가장 힘든 기술일 수 있다. 시작과 끝은 출발과 멈춤 동작으로 부득이한 속도의 차이가 발생하지만 특정 동작 구간에서는 반드시 속도가 일정해야 한다. 그래야 수구의 진로 변화를 최소화시켜 숙련된 자연각으로 움직이기가 가장 수월한 샷인 것이다. 무기교의 기교랄까? 굴려치기를 훌륭히 해내는 선수를 보면 정말 '공 이쁘게 친다!'라는 감탄사가 절로 나온다.

굴려치기 스트로크는 특히 두께와 당점의 섬세함이 요구된다. 그리고 팔은 팔꿈치가 축이 되어 시계추처럼 기계적 진자 운동을 해야 한다. 굴려치기는 공의 구름이 생김으로 앞으로 밀고 가려는 성질이 생기기 마련이다. 이것이 강해지면 흔히 말하는 '오시'가 되는 것이다. 밀어치기와 헷갈려서는 절대로

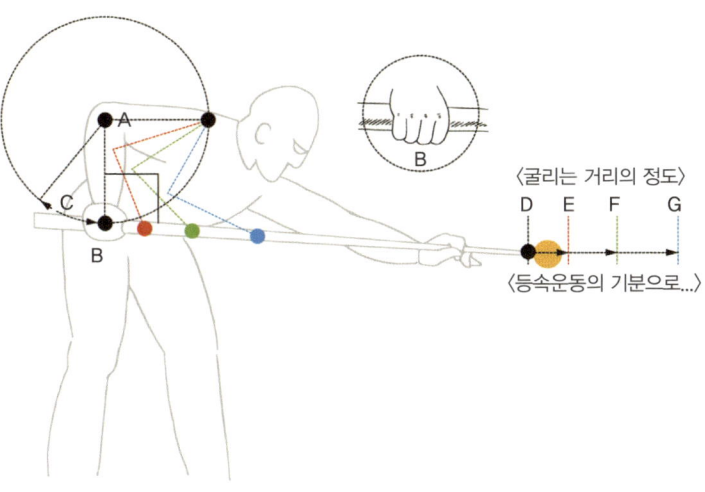

〈굴리는 거리의 정도〉

〈등속운동의 기분으로...〉

안 된다.

강하고 빠르게 상단을 주고 굴리면 적구를 맞고 앞으로 쭉 쭉 가는 것이다. 하지만 편안하게 굴려주면 그냥 자연스러운 분리각이 형성되면서 공이 마지막까지 잘 구른다. '약하게 쳤는데도 공이 끝까지 잘 구른다'는 표현이 바로 이것을 두고 하는 말이다. 단, 굴릴 때 큐 무게로만 굴리는 것과 힘을 실어 굴리는 방법이 있는데 전자에 말한 '편안하게 굴린다'는 뜻은 큐 무게로만 이용해서 굴리는 것을 말한다.

이 샷의 촉이 완성되면 '천하무적'이라고 해도 과언이 아니다. 힘을 실어 팔로우로 굴리게 되면 소위 밀면서 굴리는 샷이 되는데 그럴 경우 하점자들이 그토록 열망하는 관통샷이 연출되는 것이다. 참고로 '힘을 싣는 것'은 그립과 관계가 많다. '스피드'와는 다르니 주의해야 한다.

12

스트로크 VI

찍어치기 '마세'

Mase, 흔히 말하는 '마세이'는 실상 '마쎄'이며 일본어가 아닌 프랑스어다. 우리말로 표현하면 그 행태가 위에서 아래로 찍는 모습이라 '찍어치기'라 할 수 있겠다.

마세는 그 어떤 스트로크로도 해결될 수 없을 때 구사하는 기술이다. 또한 일부러 힘든 코스로 공을 보내 득점하려 할 때 구사하기도 한다. 따라서 예술구에 자주 등장하는 샷이기도 하다.

마세를 잘 구사하기 위해서는 믿음이 중요하다(믿음! 종교도 아니고 왠 믿음?). 마세는 공을 치려고 하기 보다는 그냥 아래로 큐를 떨어뜨리는데 손목의 도움을 받아 '조금 빠른 속도로 떨어뜨린다'라는 표현이 좀 더 정답에 가깝다고 할 수 있다.

만약 힘으로 구사하려고 하면 미스샷의 확률이 커지고 공의 순간 회전량이 줄기 때문에 멋진 곡선샷을 기대할 수 없게 된다. 또한 힘을 가해서 찍게되면 라사지(당구대 천)에 손상을 입힐 수도 있다. 따라서 가급적 마세를 치는 것보다 왠만하면 좀 어렵더라도 다른 기술을 구사하는 걸 권한다.

마세의 스탠스는 공끼리의 접선이 내 스탠스 발뒤꿈치의 연장선과 평행을 이루고 있어야 가장 구사하기가 수월하다.

Tip

마세를 구사하기 위해 위에서 아래로 던지듯 떨어뜨리라고 했는데, 이 느낌은 마치 닭이나 비둘기가 아스팔트에 떨어진 모이를 빠르지만 부리를 다치지 않고 걷어내는 것과 같은 이치라고 할 수 있겠다.

참고로 당구는 일제식민지 시대를 통하여 범국민화된 유형이라 그들의 용어가 대다수이다. 최근 들어 이를 개선하는 과정에서 아직 정립이 되지 않아 쓰이는 표현방식이 다른 도서와 약간 다를 수 있으니 독자들의 이해를 구한다.

● **그림** 올바른 마세 구사를 위한 예시

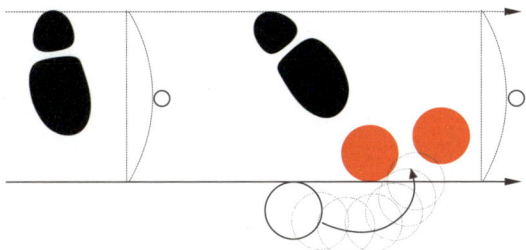

평행의 폭은 약간 달라질 수 있으나 공의 접선과 발뒤꿈치
연결된 축은 거의 평행을 이루는 것이 좋다

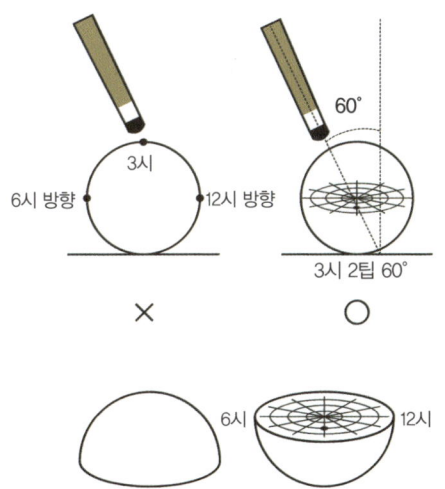

공을 반을 자른 뒤 그 내면에서 당점을 발견해야 한다.

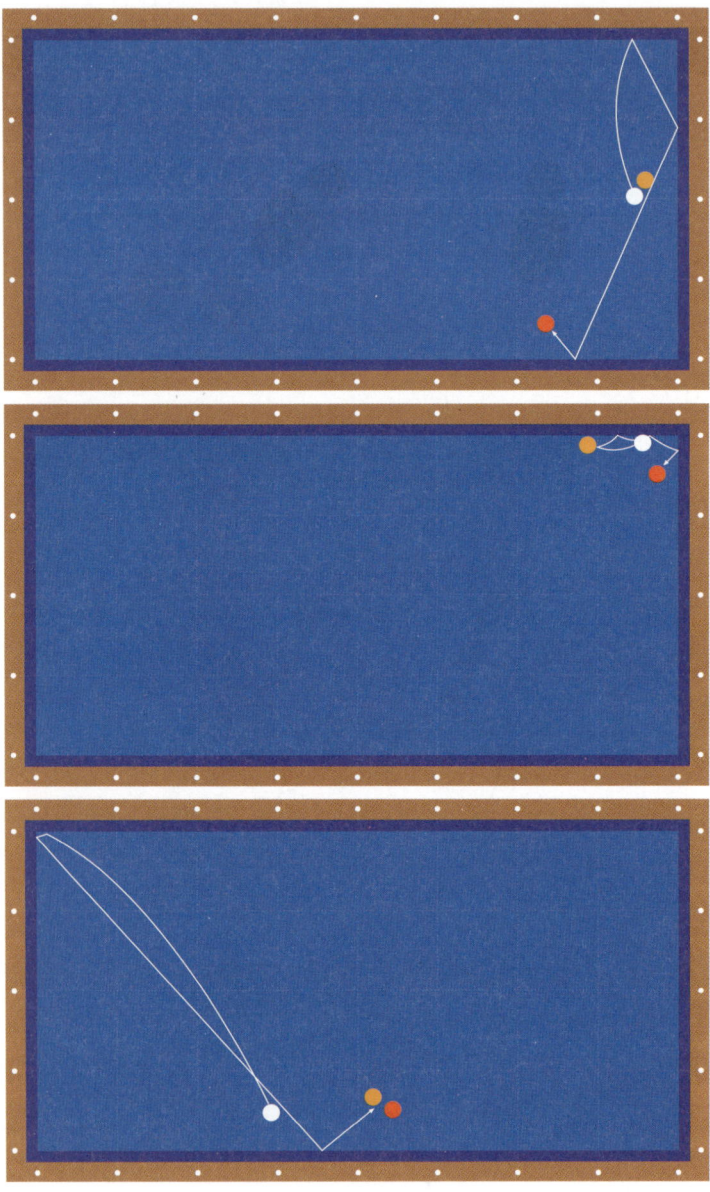

13

1쿠션값 찾기 I

거울 법칙

'거울 법칙'은 수구가 맞는 쿠션의 '날' 부분을 '가상의 거울'로 보고 반사돼 보이는 '가상의 1목적구'를 발견해 진로 방향을 찾는 시스템인데 함정이 숨어있다. 이 점은 거울 법칙뿐만 아니라 모든 시스템을 공부할 때 똑같이 적용되는 것임으로 우선 함정부터 설명한다.

대부분의 당구 교본에는 쿠션의 날에 점을 표기하고 입사각·반사각을 표현하는데 상식적으로 그렇게 될 수가 없다. 공의 지름이 61.5mm임으로 쿠션에 닿고 튀어 나올 땐 실제 쿠션에 닿는 부위가 공의 중심이 아니고 표면이다. 따라서 반지름인 대략 30mm 정도를 감안해줘야 하는 것이다. '어? 왜 안 되지?'하는 미스가 아마도 이것 때문일 것이라는 생각을 미처 못 하는 것이다. 그리고 쿠션은 말랑말랑한 소재임으로 '어느 정도 깊이와 힘으로 구사했느냐'에 따라 들어갔다가 튀어나오는 정도가 다르다. 이 점도 숨어있는 함정 중 하나이므로 기억해두자. 따라서 앞으로 〈그림〉 표기에서는 공의 반지름 영역을 표현할 것이다. 이 점선을 쿠션의 날로 착각하지 않도록 하자.

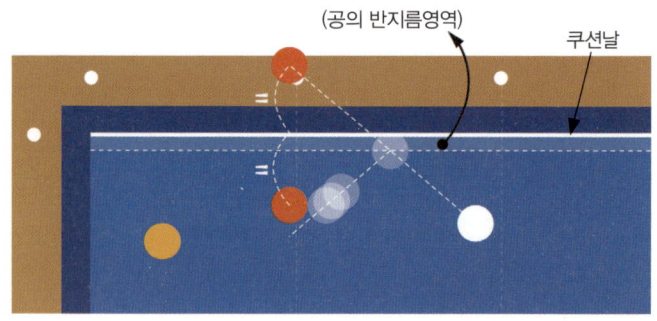

(공의 반지름영역)

쿠션날

위 〈그림〉같이 공이 놓여진 상황에서 빨간공 원공쿠션치기(빨구 구멍)를 하려 한다. 적당한 두께만 걸어주면 될 것이라 생각이 들어 '거울 법칙'으로 가상의 공을 발견하고, 그곳을 향해 쳤다. 그런데 〈그림〉과 같이 '시깍기'(적구 원쿠션 안으로 걸어치기)의 형태가 돼 버리고 말았다. 이런 미스는 바로 앞에 언급한 함정을 모르고 단순히 거울 법칙만 구사했기 때문이다.

극복할 수 있는 방법은 두 가지다. 우선 각자만의 회전양이 있을 것이고, 가장 편한 회전양 기준을 하나 두는 것이다. 이런 유형의 공이 섰을 땐 오로지 자기만의 시스템 모드로 돌아서는 것이다.

예를 들어 '중단 2팁 보통의 스피드로 밀어치기…'와 같은 자신만의 기준 모드를 만들면 조금 더 강하게 구사해야하거나, 조금 더 얇고 부드럽게 구사해야하는 경우, 자기 기준에서 약간 가감만 하면 되기 때문에 어렵지 않게 판단을 내릴수 있기 때문이다.

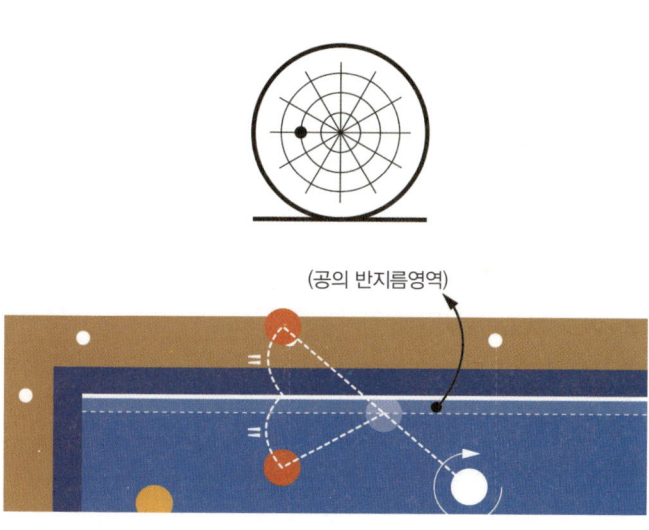

(공의 반지름영역)

위의 〈그림〉과 같이 거울의 법칙으로 발견한 가상의 공을 향해 칠 때는 회전을 걸어서 반지름의 오차를 극복하는 방법이 있다.

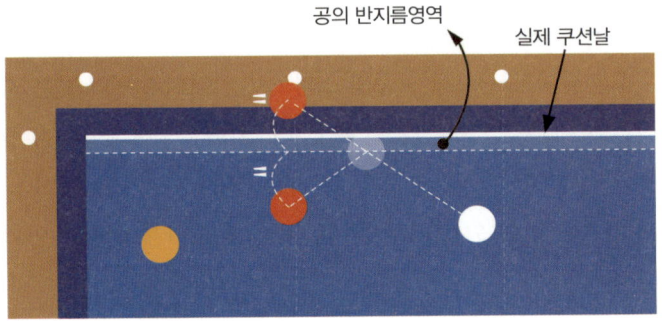

공의 반지름영역

실제 쿠션날

또 하나의 방법은 위 그림과 같이 공의 반지름 선 영역의 날 부분을 거울로 보고 아예 여기서부터 계산을 출발하는 것도 있다. 어떤 것이 좋을지는 각자 취향에 따라 선택하자.

지금 상황은 설명이 용이하도록 빨간공의 중앙을 겨냥하는 것으로 설명이 되어 있는데 실제 상황에서는 2목적구인 노랑 공을 맞추러 가야 한다. 따라서 빨간공의 우측 부분을 맞출 생 각을 하면 된다.

참고로 거울은 반사되는 것이다. 따라서 거울에 비춰진 '가 상의 볼'에서는 왼쪽 면이 실제 오른쪽 면에 해당됨을 착각하 지 말자.

14

1쿠션값 쉽게 찾기 II

평행 법칙

'평행 법칙'은 '거울 법칙'을 응용한 시스템이다. 〈그림〉과 같이 수구와 1목적구(노란공)를 코너 기준, 이등분된 선을 발견한다. 그리고 그대로 수구 중심을 향해 평행이동을 한다. 그러면 만나는 1쿠션값이 바로 답이다. 간단한 평행이동으로 1쿠션값을 발견했다. 하지만 원리(증명)를 풀어서 설명하자면 다소 복잡해 보일 수도 있다.

다시 〈그림〉을 보자. 유심히 보면 충분히 이해할 수 있는 중학교 수학 작도법이 기억나는 대목이다. 이 부분을 당구 TV 등에 출연한 선수가 '평행이동법'이라는 간단한 말로 표현을 한 적이 있지만, 실상 '왜? 그런가?'를 설명하지는 않았다.

쉽게 발견한 1쿠션의 진로가 과연 정답일까? 솔직히 정확한 정답은 아니다. 왜냐면 앞서 말한 공의 반지름 오차를 무시한

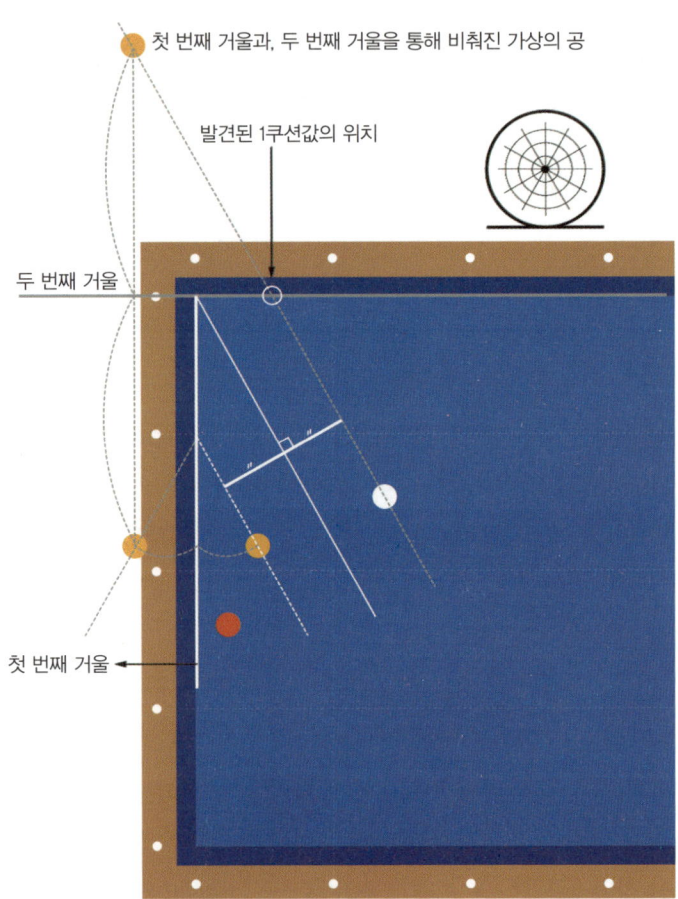

첫 번째 거울과, 두 번째 거울을 통해 비춰진 가상의 공

발견된 1쿠션값의 위치

두 번째 거울

첫 번째 거울

작도법이고 쿠션이라는 말랑말랑한 속성도 배제하였으며 마찰, 스트로크 속성, 회전량 등 물리적인 오차 요건도 너무 많기 때문이다.

중요한 것은 당구는 전자계산기처럼 계산을 해서 이루어지는 스포츠가 아니다. 두께, 입사되는 각에 의해 튕겨 나오는 쿠션의 반발정도, 공을 치는 스트로크의 속성, 큐의 속도, 큐의 깊이, 회전량, 회전 방향 등 무수히 많은 변수를 최대한 극복하고 득점을 올리는 스포츠다.

시스템은 꼭 배워야 하지만 반드시 버려야 할 걸림돌과도 같은 존재다. 시스템을 통해 '근처'를 찾았으면 '공을 치는 기술'과 '맞추는 기술'로 마무리 해야 한다. 시스템이란 '근처를 찾는 훈련'이라고 정의하자. 맹신하지 말자.

15

큐대는 총, 당구공은 총알

사격을 해보았는가? 당구에서 두께를 겨냥하는 것은 사격의 자세와도 같다. 큐대는 총, 당구공은 총알이라고 생각하자. 방아쇠는 스트로크다.

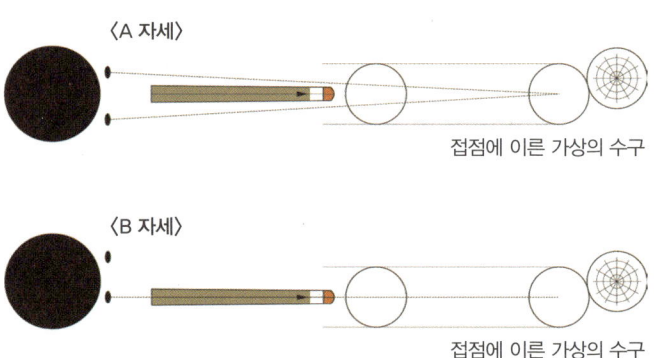

〈A 자세〉

접점에 이른 가상의 수구

〈B 자세〉

접점에 이른 가상의 수구

큐를 양쪽 눈의 중앙에 두고 겨냥하는 것과 한쪽 눈에 두고 겨냥하는 것. 두 가지가 있다.

필자의 경우는 여전히 혼란스럽다. 개인적으로 중앙에 두는 것이 자세도 보기 좋고 일직선처럼 느껴진다. 하지만 간혹 앞의 〈그림〉 B의 자세처럼 한쪽 눈으로 겨냥하는 프로선수들이 많은 것으로 보아 막상 해보니, 한쪽 눈으로 겨냥하는 것이 더 편함을 느꼈기 때문이다.

다른 책에서도 어떤 부분이 정답이라고 명시되어 있지는 않다. 이 부분은 신체적 결함에 의한 선택이 아님으로 무엇이 옳다고 할 수는 없다. 하지만 필자는 후자가 정확한 방법이라고 소개하고 싶다. 사격이 그렇기 때문이다. 사격은 가늠쇠와 표적의 정점을 일직선에 두기 위해 어깨에 단단히 견착을 하고 시선과 일치시키려는 노력을 한다. 마찬가지로 당구에서도 시선, 타격점(가늠쇠), 목적한 두께를 느끼며 타격을 가한다. 이를 위해 주로 한 쪽 눈만 집중하기 때문이다. 따라서 한 쪽으로 겨냥하는 것을 정의하며 다음 설명을 이어가겠다.

우리가 사격을 할 때 제대로 겨냥했는데 빗나가는 이유가 어디에 있다고 생각하는가? 군 시절 교관의 설명이 정답 같아 그대로 옮긴다.

1. 우선 내총의 영점조정을 확실히 하였는가?
2. 가늠자와 가늠쇠와 표적의 중앙이 일치되있는가?
3. 방아쇠를 당길 때 숨을 참았는가? (흔들리진 않았는가?)

이 대목에서 주목할 것은 세 번째다. 굳이 말하자면 영점조정은 큐의 적응이고 가늠자는 눈, 가늠쇠는 큐 끝이며 표적지는 1목적구에서 내가 겨냥하고자 하는 두께다.

세 번째 숨을 참는 부분인데 이 책을 읽는 독자는 과연 허리를 숙여 예비 스트로크를 하고 샷을 날릴 때 숨을 참는가? 만약 숨을 참지 못한다면 그건 잘못된 것이다. 숨을 참는 이유는 몸의 흔들림을 최소화하기 위해서다. 미세하게 방향이 틀어지면 멀리 가서는 오차가 커지기 때문이다.

두께를 제대로 해결 못하는 것은 표적의 정점 설정과 무의식적으로 잘못 휘두르는 스트로크에 있다. 첫째 두께를 볼 때에는 1목적구와 만나는 순간의 가상 수구를 발견해야 하는 것이다.

단, 가장 중요한 스트로크 부분에서 흔들림이 없이 곧게 나아가줘야 모든 설정된 치밀한 설계가 빛을 발하는 것이다. 충분히 겨냥 잘 해놓고 비틀어 버린다면 그건 정말 '한심한 하수' 소리를 들어야 할 것이다.

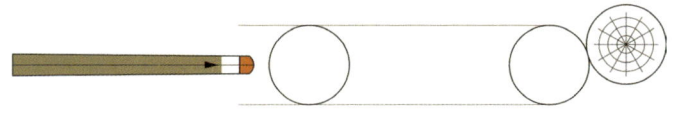

접점에 이른 가상의 수구

16

당점의 방향, 회전량

구르는 공에 변화를 주려면

'당점이 왜 중요한가?'하면 지구에서 당구를 치기 때문이다. 중력과 마찰에 의한 저항에 맞서 이겨야 하고 반대로 미끄러짐을 극복해야 한다. 앞으로 구르는 공에게 리모컨으로 '꾹~' 눌러 방향을 바꿀 수도 없고….

'어디로든 원하는 방향으로 수구를 보내야하는 것'이 당구라는 게임인데 샷과 탄성력만으로는 그 한계가 있다. 따라서 당점과 회전량을 적용해 구르는 공에 변화를 주는 것이다.

당점의 방향을 설명할 때 간혹 '중상단투팁' '상단원팁'과 같은 표현을 하는 분들이 많은데 도대체 어딜 겨냥하란 뜻인지? 명확히 하는 차원에서 시계의 작도법을 따르는 것이 가장 정확하다고 생각한다.

● 시계의 작도법을 응용한 당점의 방향

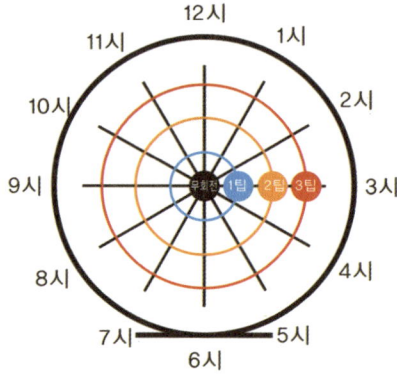

　　회전양은 아래 〈그림〉과 같이 1팁, 2팁, 3팁이 기본이나 개
인에 따라 더 세분화 하는 경우도 있다.

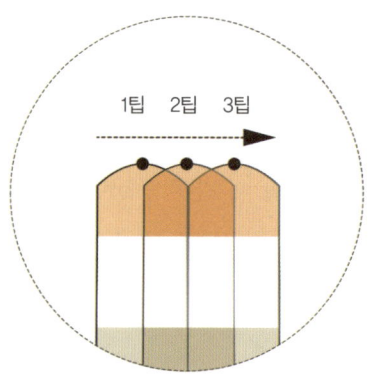

당점의 방향과 회전은 두께와 샷으로 해결하지 못하는 부분을 커버해주는 역할을 하며 시스템의 기준이 잡히려면 나만의 팁(회전량)에 대한 이해가 확실히 잡혀있어야 한다.

2팁을 겨냥하고 칠 때는 1팁으로 치는 경우가 너무도 많다. 이런 어이없는 실수는 이제 하지 말아야 다음 학습 단계의 지식이 자기 것이 될 것이다.

17

제각돌리기

하코마시

이제 본격적인 초이스를 다룬다. 제각돌리기 초이스는 너무도 많다. 물론 다른 초이스도 무수히 많다. 좀 허풍을 더하자면 '당구란 스포츠가 만들어진 이후로 단 한 번도 똑같은 상황의 공이 놓여 진적이 없다'고 할 수 있다. 그래서 당구가 늘 비슷한 것 같아도 다르고, 프로선수 조차 기본공도 놓치거나 말도 안되는 방식으로 득점하는 경우도 생기는 것이다. 하지만 무수히 많은 경우의 초이스라 할지라고 유형이라는 분류가 있다. 그 유형만이라도 분석을 하고 특징을 알아낸다면 적어도 놓여진 상황을 최대한 극복할 수 있는 흥미로운 맛을 느낄 것이다.

첫 번째로 일명 '하코'라고 불리우는 '제각돌리기'에서 필자가 집어줄 부분을 소개한다.

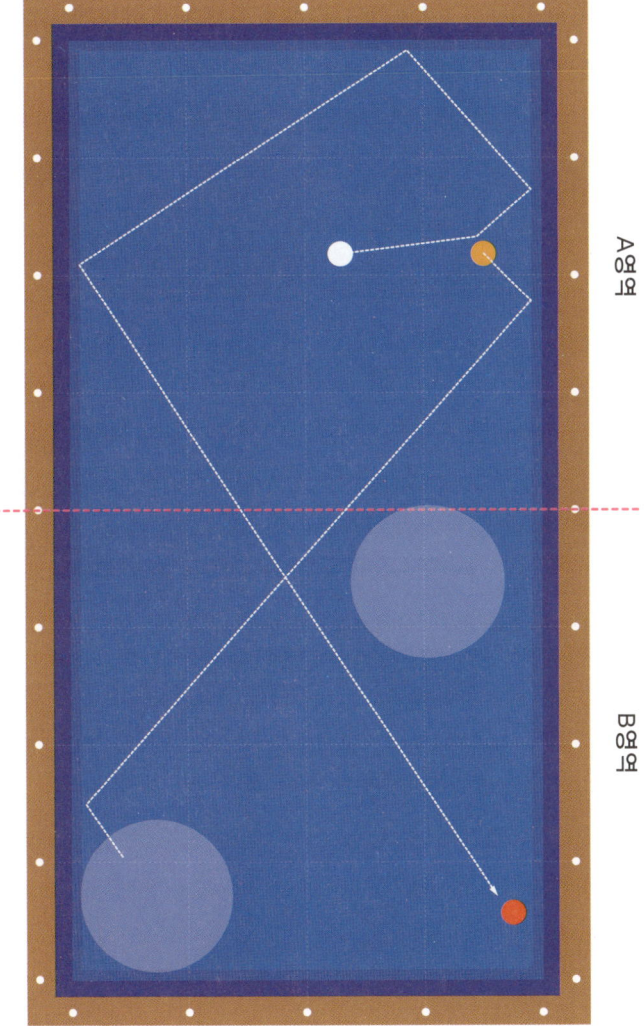

A영역

B영역

앞의 〈그림1〉은 A영역에서의 제각돌리기 기본형인데 중요한건 이런 유형은 1목적구가 장축과 장축을 타면서 그라운드 중앙에서 키스가 날 확률이 높다.

이 부분을 감안하고 가급적 조금 얇게 끌어서 칠 수 있다면 좌하변(원영역)에 1적구를 갖다놓는 것이 다음 포지션에 좋다. 또한 아예 조금 더 두껍게 겨냥해서 우측(원영역)에 1적구를 갖다놓게 되면 다음 포지션에 역시 좋다.

뒤의 〈그림2〉 B영역에서의 제각돌리기는 1적구를 장축을 태우는 범실을 하지 말기 바란다. 이 상황에서 두껍게 치게 되면 내공과의 키스가 문제뿐 아니라, 2목적구와 키스가 생겨 벗어나버릴 수 있기 때문이다.

이런 경우는 1목적구가 장축→ 단축→ 장축으로 향하도록 두께설정을 해야하는 것이 고수의 모습이다.

조금 타격이 더 들어간다면 올라가서 두 번째 영역에 도달시켜도 다음 포지션엔 문제가 없다. 애매하게 단축 중앙에 갖다 붙이는 실수는 하지 말도록 하자.

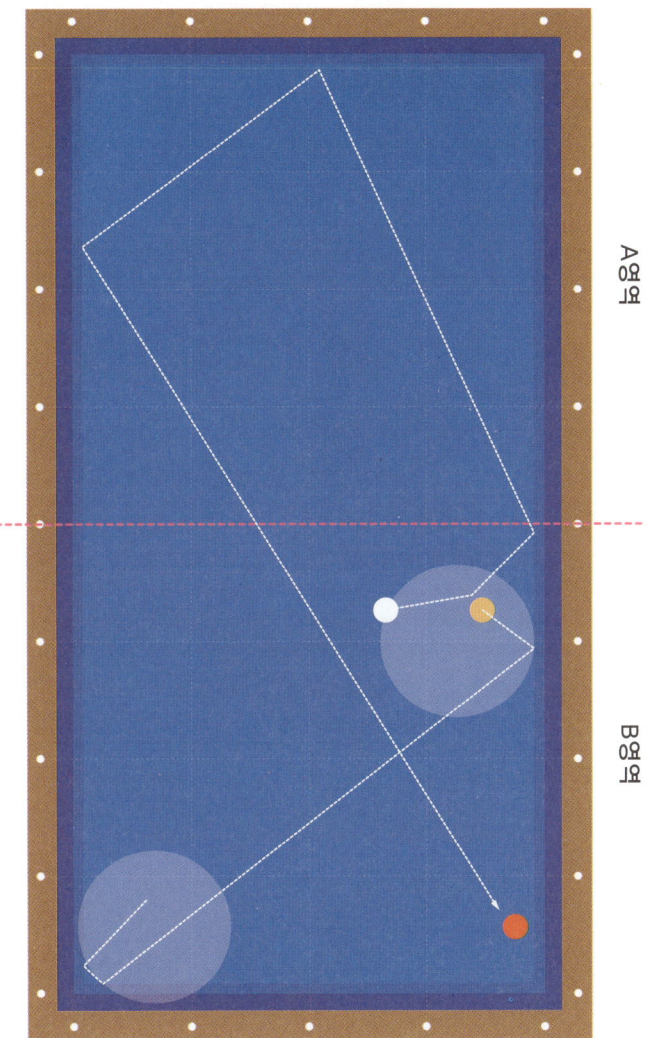

18

긴각바깥돌려치기

짱꼴라

'긴각바깥돌려치기'는 디펜스와 포지션플레이를 동시에 하는 대표적인 초이스에 해당된다. 이점은 매우 강력한 무기인 것이다. 하지만 긴각임으로 그 촉이 상당히 예민하게 적용돼야 하며 힘 조절 또한 중요하다.

맹목적으로 힘을 주어 스트로크를 하는 분들이 많은데 한번쯤 '내가 친 1목적구가 어디로 굴러가는지' 그리고 '내가 친 수구가 어디까지 굴러가는지'를 눈여겨 의식한다면 몇 번의 샷 안에 '왜 디펜스와 포지션이 동시에 되는 초이스인지'를 알 수 있을 것이다.

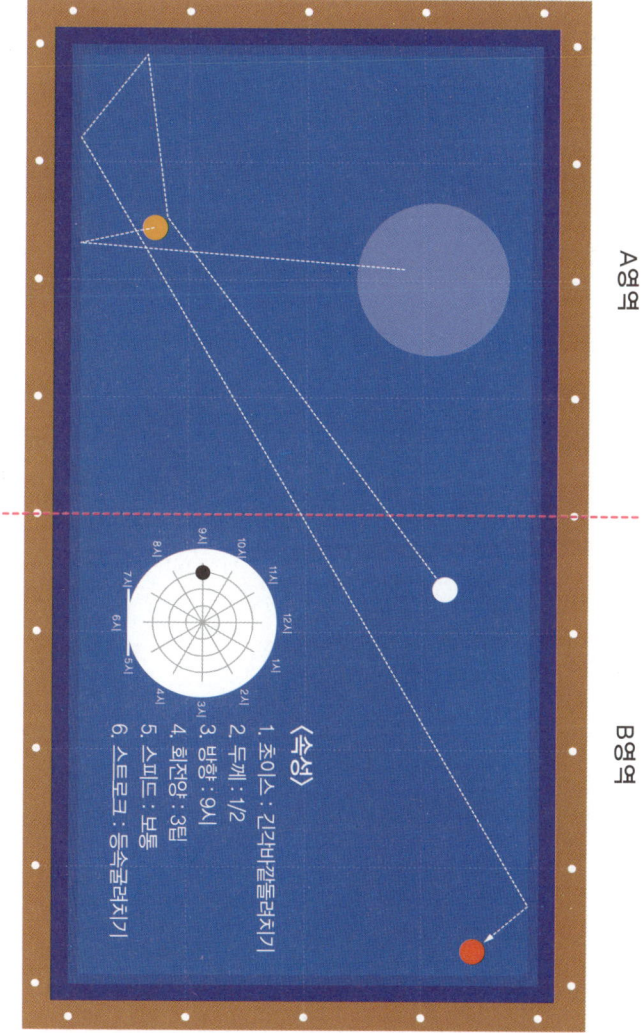

A영역

B영역

〈속성〉

1. 초이스 : 2.1각바깥돌리기
2. 두께 : 1/2
3. 방향 : 9시
4. 회전 : 3팁
5. 스피드 : 보통
6. 스트로크 : 등속끌어치기

● 그림2

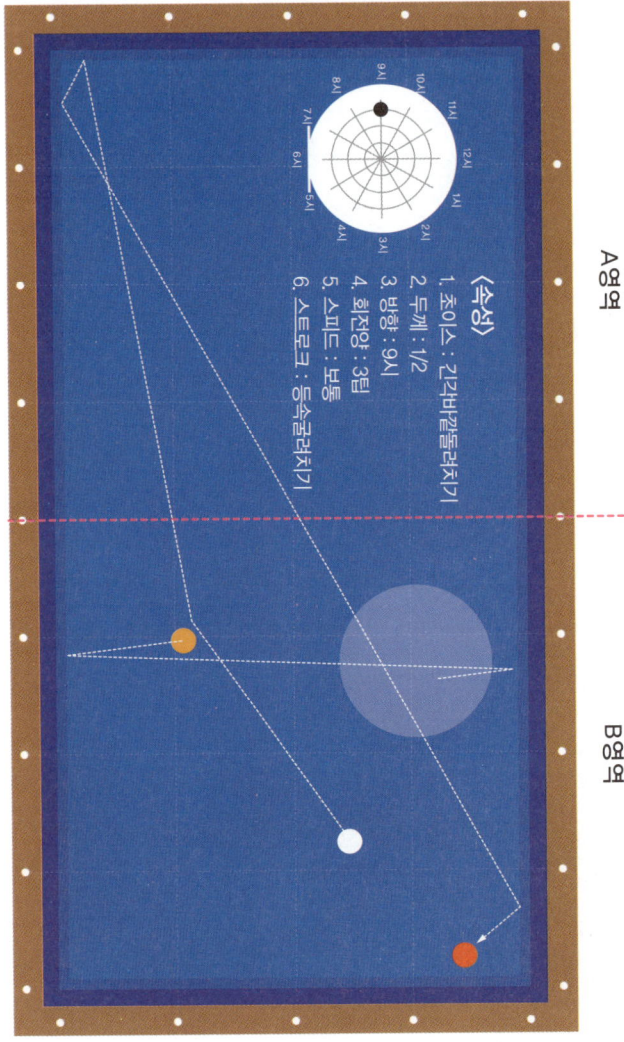

74

〈그림1〉과 같은 유형에서의 '긴각바깥돌리기'는 키스의 염려는 거의 없다. 중요한 것은 1적구를 원형 포지션에 갖다놓는 것이 중요하다.

〈그림2〉 유형에서의 긴각바깥돌리기는 키스의 염려가 많다. 키스 빼는 방법은 따로 소개가 되니 이 부분에서는 넘어가도록 한다. 역시 이런 유형에서도 1목적구를 원형 내에 갖다 두는 것이 핵심이다.

다양한 긴각바깥돌려치기가 있지만 공통적으로 항상 저 원내에 1적구를 갖다 놓아야 하는 것은 다를 바 없다. 중요한건 '그러기 위해선 어떻게 해야 하는가?'이다. 타격이 강해지는 위치에서는 1적구가 장축→ 장축→ 장축→ 장축을 오가며 원내 위치하면 되지만 타격이 많이 들어갈 수 없는 상황에선 오히려 좀 더 힘을 빼고 슬로우로 장축→ 장축이 되도록 원내 위치해야 한다. 무심코 힘으로 때려치다 보면 애매한 위치에서는 경우가 생기기도 한다. 주의하도록 하자.

긴각바깥돌려치기는 1적구가 상대의 수구인 경우 포지션도 잡히면서 수비도 동시에 이루어지는 멋진 초이스다. 다른 유형의 긴각바깥돌려치기도 조금씩 형태를 바꿔가며 본 원리를 의식하고 연습해보도록 하자.

19

바깥돌려치기

우라마시

감초라는 말이 생각난다. 아마 3쿠션에 입문하면 가장 먼저 흥미를 느끼고 가장 먼저 접하는 유형이 아닌가 싶다. 하지만 좀 친다 싶은 고점자들 사이에선 기본 유형의 초이스 중에 가장 신경써야 할 초이스라고 이구동성 이야기한다.

바깥돌리기는 1목적구의 두께를 어떻게 겨냥하느냐에 따라 포지션플레이가 용이해진다.

놓여진 상황에 따라 달라지지만 〈그림1〉과 같은 유형으로 구사해야 다음 배치가 용이해져서 다득점으로 이어질수 있다. 항간에 '우라는 우라를 낳는다'라는 표현이 있다. 조금만 신경써서 구사하면 유사한 포지션이 또 생겨 바로 2~3 득점은 쉽게 구사할 수 있다는 말이다. 본 초이스를 구사할 때 유의할 점은 키스가 잦음으로 39장의 항목에 유의하여 구사하도록 한다.

바람직한 몇가지 유형을 살펴보도록 하자.

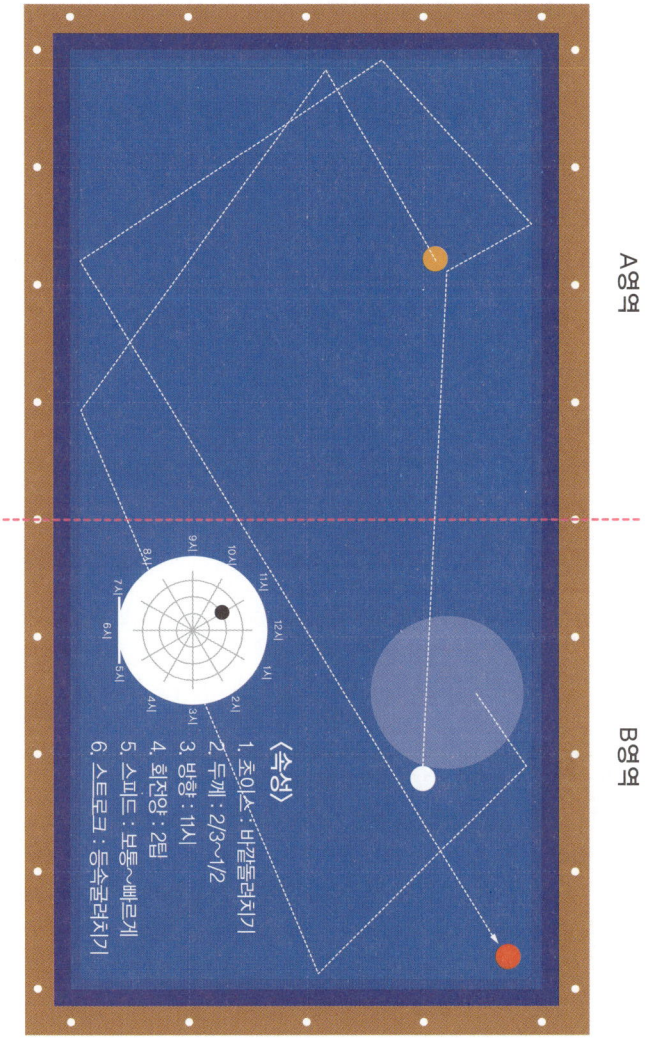

A영역

B영역

〈속성〉

1. 초이스 : 바깥돌리기
2. 두께 : 2/3~1/2
3. 방향 : 11시
4. 회전양 : 2팁
5. 스피드 : 보통~빠르게
6. 스트로크 : 등속굴리기

〈그림2〉와 같은 유형의 바깥돌려치기는 원내영역에 1목적구를 갖다놓아야 함으로 적절한 힘조절과 두께가 관건이다. 놓여진 상황에 따라 정답이 없음으로 6속성의 표현은 하지 않도록 한다. 경우에 따라선 팁을 많이 주고 두께를 얇게 따야 한다. '바깥돌려치기를 구사하면 바깥돌려치기가 형성된다'는 말이 있다. 이점을 유념하여 자기만의 6속성을 발휘해 기준을 잡도록 하자.

이런 유형 역시 1목적구를 원형 내에 갖다놓도록 하는 것이 관건이다. 두께를 너무 두껍게 가져가지 않도록 주의하고 적당히 얇게 구사하는 대신 타격을 주지 말고 팁을 빼고 부드럽게 밀어서 얇은 두께에서도 짧은 각을 쉽게 형성하도록 하는 것이 중요 포인트다.

위 두 가지 상황도 마찬가지로 1목적구가 상대의 수구인 경우 맞았을 경우 포지션플레이로 이어지지만 안 맞았을 경우에도 수비로 이어져 효과적인 플레이로 인정받고 있다.

Tip

바깥돌리기는 1목적구를 두툼하게 겨냥하는 경우가 많아 그립을 모두 다 쥐는 형태를 취하고 미는 타법을 구사하며 공의 분리각은 타격보단 당점으로 해결하는 것이 바람직하다. 또한 바깥돌리기는 선수들조차 큐의 직진을 방해하는 묘한 유형임으로 큐의 직진에 각별히 신경을 써야하는 초이스다. 보통 빗겨치기 유형이 큐를 비트는 경우가 많아지는데 체공거리까지 길어서 바깥돌리기는 큐를 습관적으로 틀기가 쉽다.

● 그림2

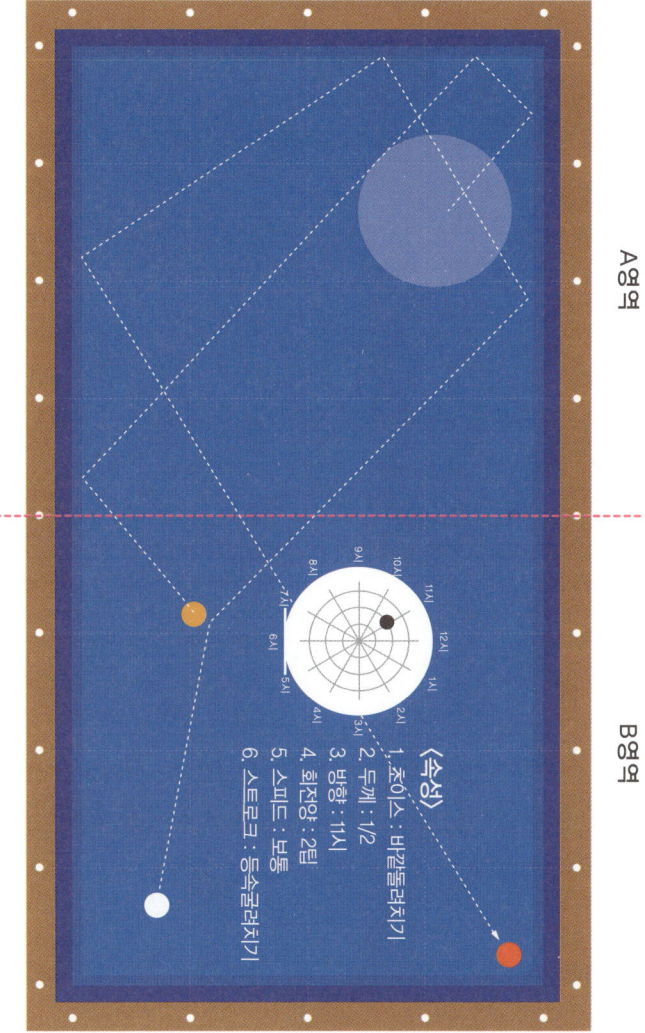

A영역

B영역

〈속성〉
1. 초이스 : 바깥돌려치기
2. 두께 : 1/2
3. 방향 : 11시
4. 회전양 : 2팁
5. 스피드 : 보통
6. 스트로크 : 등속굴리기

79

20

긴각안으로돌려치기

오마오시

'긴각안으로돌려치기'는 제각돌리기와 함께 매우 예민한 공이다. 따라서 얇게 구사하기 보다는 1/3 ~ 2/3 사이의 두께를 고정하고 중단(1시~2시 또는 10시~11시 방향) 3팁, 2팁, 1팁 그리고 슬로우 밀어치기를 구사해 자기 것으로 암기해버리면 공의 분리각과 내려오는 정도를 거의 정확히 감잡아 낼 수 있을 것이다.

당구는 분명히 감각스포츠이고 촉의 대결이다. 하지만 매번 모든 공을 기준없이 촉으로만 해결하려고 하면 기분상태에 따라 기복이 들쑥날쑥할 것이다. 기준을 반드시 잡아놓아야 그 기준을 깃점으로 크게 달라지지 않아 기복을 줄일 수 있다. 가장 바람직한 몇 가지 유형을 살펴보도록 하자.

〈그림1〉과 같은 경우 바깥돌려치기의 유혹을 가장 많이 받겠지만 함정이 있는 바깥돌리기다.

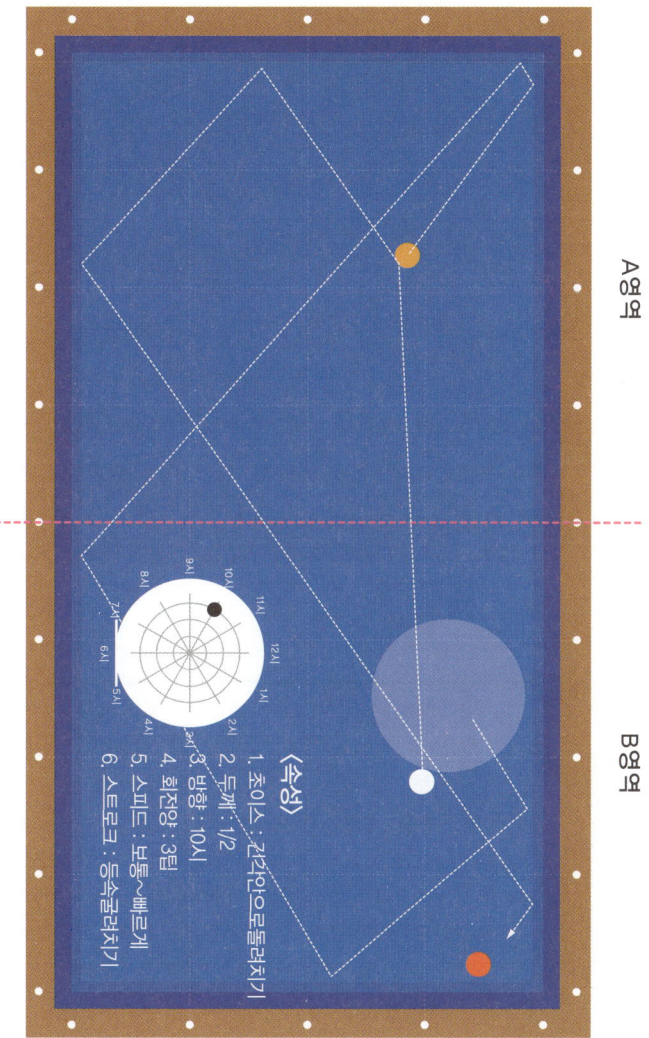

A영역

B영역

〈속성〉
1. 초이스 : 건각안으로돌려치기
2. 두께 : 1/2
3. 방향 : 10시
4. 회전양 : 3팁
5. 스피드 : 보통~빠르게
6. 스트로크 : 등속굴리치기

11시 12시 1시
10시　　　　　2시
9시　　　　　　3시
8시　　　　　　4시
7시　　　　　　5시
6시

자칫 샷이 흐리멍텅했다가는 여지없이 길게 빠지고 마는 유형이다. 긴각돌리기로 해결하도록 하자. 이런 유형의 긴각돌리기는 원내 공을 갖다 놓기 위해 1목적구를 장축에 태우는 것이 관건이다. 조금씩 공의 위치에 따라 세워야하는 원내 영역도 달라짐으로 중요한 핵심은 다시 바깥돌리기를 만들어야 하는 상황임을 인지하도록 하자.

〈그림2〉와 같은 유형은 하부에서 키스가 날 수 있음으로 유의하자. 이 유형 역시 원내 영역에 1목적구를 갖다 놓아야 한다. 변칙적으로 키스를 확실히 피하기 위해 1목적구를 심하게 두툼하게 겨냥하고 해결하는 방법이 있는데 선택은 나쁘지 않다. 다만 득점 확률이 좀 멀어질 뿐이다.

Tip

긴각안으로돌려치기는 길게 형성하는 유형보단 짧게 구사하는 유형이 대부분을 이룬다. 그리고 실제 그런 초이스를 해야 득점 확률이 높아진다. 또한 길게 구사하는 유형, 일명 '다 대'를 구사해야 하는 상황에 처하게 되면 가급적 회전을 빼고 구사하는 것이 득점 확률을 높일 수 있다. 그 이유는 회전량이 많아 1쿠션에서 시작부터 분리각이 커지면 2쿠션에서 분리각이 커져서 3쿠션의 입사각에 도달될 확률이 매우 적어지기 때문이다. 가급적 회전을 빼고(심지어 역회전팁을 주는 경우도 많음) 2쿠션의 방수를 최대한 많이 가져가는 것이 득점 확률의 핵심 포인트다.

● 그림2

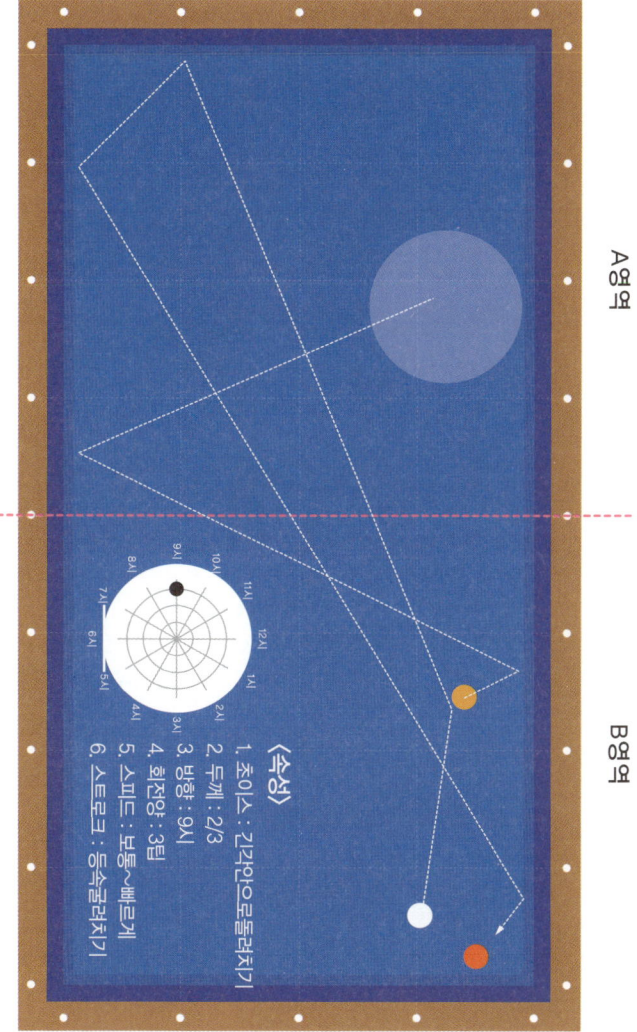

A영역

B영역

〈속성〉
1. 초이스 : 긴각안으로돌려치기
2. 두께 : 2/3
3. 방향 : 9시
4. 회전양 : 3팁
5. 스피드 : 보통~빠르게
6. 스트로크 : 등속굴려치기

9시
10시
11시
12시
1시
8시
2시
7시
6시 5시
3시
4시

PART 03 득점을 올리는 노하우

Lesson

21

리보이스

역회전 출발

더블쿠션과 혼동할 수 있는데 구분은 간단하다. 1목적구가 역회전으로 출발되면 '리보이스', 제회전으로 출발하면 '더블쿠션'이다.

'리보이스' 즉, 역회전으로 출발해 2목적구를 맞추러 간다는 것은 상당한 각이 동원돼야 하는데 실수를 줄이는 방법을 소개한다.

어설프게 회전을 주지 말고 가급적 3팁(가능하다면 최대치)을 준다. 그리고 두께는 1/2과 2/3 두 가지로 기준을 잡는다. 큐의 스피드는 '빠르기'로 한다.

이렇게 기준을 잡아놓고 샷을 암기하라. 거짓말같이 3~4큐 만에 3쿠션에서 퍼지는 정도가 감이 온다. 바로 그것이 리보이스 기준인 것이다.

바람직한 몇 가지 유형을 살펴보도록 하자.

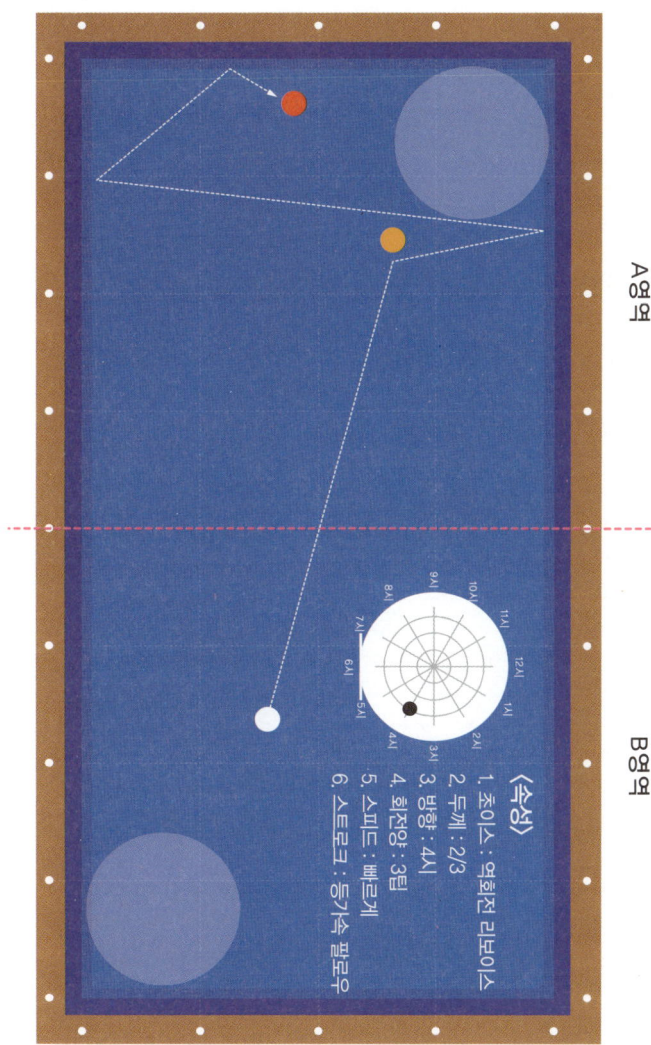

A영역

B영역

〈속성〉
1. 초이스 : 역회전 리버스
2. 두께 : 2/3
3. 방향 : 4시
4. 회전양 : 3팁
5. 스피드 : 빠르게
6. 스트로크 : 등가속 팔로우

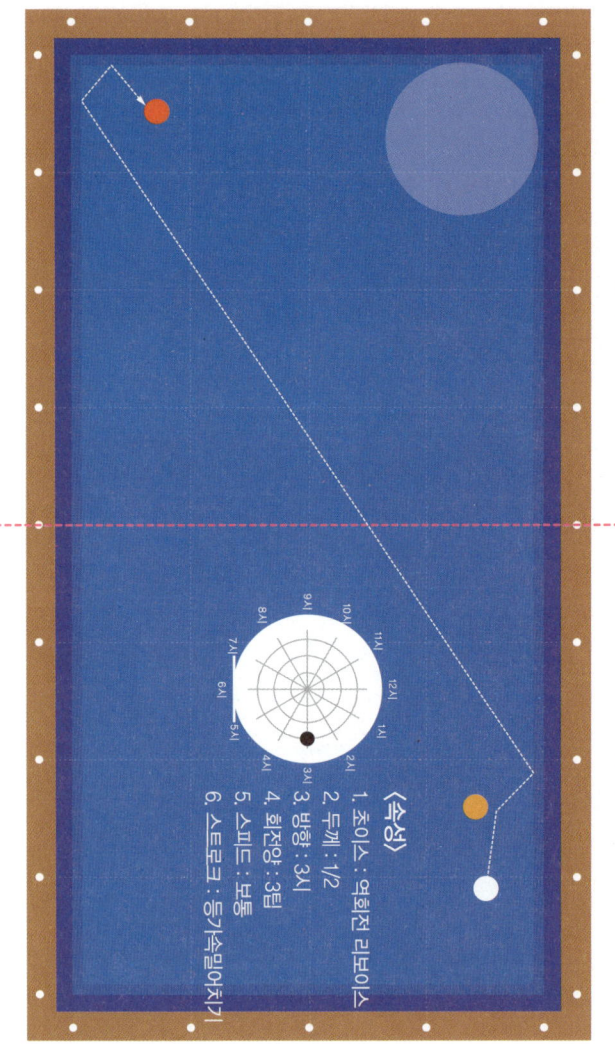

A영역

B영역

〈속성〉

1. 초이스 : 역회전 리브이스
2. 두께 : 1/2
3. 방향 : 3시
4. 회전양 : 3팁
5. 스피드 : 보통
6. 스트로크 : 등가속밀어치기

〈그림1〉과 같은 상황에선 1목적구를 원내 영역에 갖다 놓도록 구사를 해야 한다. 비교적 체공거리가 있음으로 스트로크에서 밀리는 현상이 생기지 않도록 1목적구 거리까지 완벽하게 회전을 담아 줘야 한다.

〈그림2〉와 같은 상황에선 1목적구를 원내 유형에 갖다놓도록 시도해야 한다. 또한 힘조절로 2목적구를 맞추는 것이 관건이다. 이를 위해 회전을 많이 주고 밀어치는 스트로크를 구사해야 쉽게 해결된다.

리보이스는 상대가 나를 수비했을 때 종종 접하게 되는 초이스라 생각보다 자주 접하게 된다. 이런 형태를 피하기만 한다면 고수가 되기 어려운 걸림돌이 된다.

수비하는 것도 좋고, 포지션도 좋지만 늘 좋은 공만 칠 수는 없다. 오히려 고수를 상대할 수록 풀어야 할 난구가 많아지게 마련이다.

이 점을 유념하여 당구의 흥미가 떨어지지 않도록, 그리고 지긋지긋한 '만년 200'을 넘어서기 위해서라도 꼭 극복하도록 하자.

이 책에서 '기준'이란 단어를 종종 언급하게 되는데, 당구에서 기준이란 사격의 '영점 조정'과 같다. 어떤 상황에서든 기준이 잡혀있으면, 그 기준에서 해석돼 나가기 때문에 '근거 있는 샷'을 날릴 수가 있다.

　반대로 '근거 없는 샷'이란 그냥 '후려치기'다. 100~200점 정도 치시는 분들은 리보이스가 무엇인지는 아는데 근거 없이 마냥 반대로 회전만 주고 때리는 '나몰라라 샷'이란 말이다.

　'운 좋으면 들어가라~'는 식의 감각 샷은 이제 버려야 300점을 넘어 그 이상으로 레벨업이 가능해지는 것이다.

22

더블쿠션

제회전에 정확도 높은 샷

더블쿠션은 리보이스와 반대로 제회전을 적용해 구사하는 초이스다. 리보이스가 역회전으로 상당한 두께를 적용해야 하는 부담이 있는 것과 달리 더블쿠션은 1/2 정도 두께로 출발하면 된다. 단, 2쿠션에서 역회전으로 내려가게 돼 3쿠션 째에 공이 서는 유형을 감 잡아야하는 난이도가 높은 초이스다.

리보이스를 구사하면 어딘가 모르게 행운의 샷처럼 보인다. 반면 더블쿠션으로 득점하면 정확도 높은 샷을 보는 기분이 든다. 더블쿠션은 '빗겨치기'와 '제각돌리기' 유형이 있다.

보통의 스피드·등속샷으로 간결하게 굴려치는 것이 핵심이다. 9시 방향의 3팁에 보통 스피드로 쳤을 경우 어떤 느낌으로 둘째 장쿠션에 도달되는지는 2~3번 쳐보면 자기만의 기준이 생긴다.

더블쿠션은 대부분 크게 다르지 않기 때문에 자기만의 기준

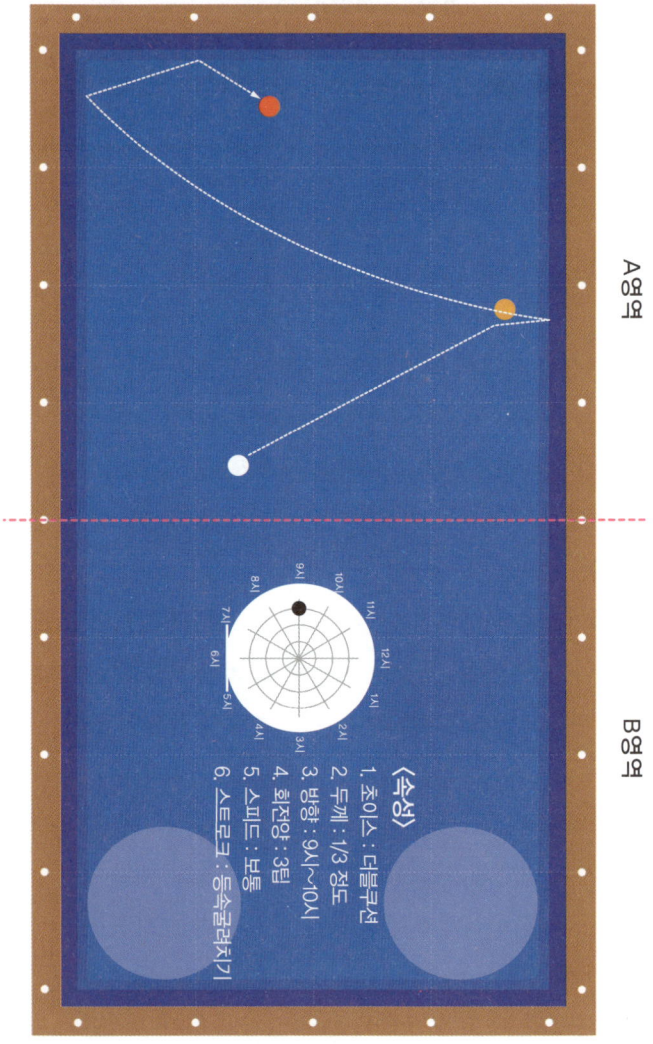

A영역

B영역

〈속성〉

1. 초이스 : 더블쿠션
2. 두께 : 1/3 정도
3. 방향 : 9시~10시
4. 회전양 : 3팁
5. 스피드 : 보통
6. 스트로크 : 등속굴려치기

92

을 갖고 있는 것이 중요하다. 그러면 이런 공은 확률이 거의 90%에 달하게 된다.

제각돌리기 더블쿠션 경우도 자기만의 가장 편한 기준을 만들어 갖고 있다면, 역시 몇 번의 연습을 통해 바로 자기만의 기준이 생겨서 더블쿠션을 쉽게 구사할 수 있게 된다. 사실 두 유형 모두 실전에서 구사하면 정말 멋진 찬사를 받게 된다. 꼭 그렇게 되도록 자기만의 기준을 꼭 탑재해 놓도록 하자.

더블쿠션은 득점에 성공하였을 때 포지션이 형성되며 1목적구가 상대의 수구인 경우 득점에 실패하게 되면 자연스럽게 수비형태가 갖춰지게 되는 매우 공격적인 샷이라고 하였다. 연습할 때 팁을 하나 드리자면, 자기만의 기준을 잡는 샷은 반드시 큐의 직진이 중요하다. 그리고 큐가 너무 깊이 들어가서는 안된다. 더블쿠션을 구사하는 대부분의 유형은 1목적구가 1쿠션에 가까이 붙어있는 경우가 대부분이라 쿠션에 붙어있는 1목적구를 구사할 때는 샷이 너무 깊이 들어가게 되면 바로 쿠션에 반응하게 되어 어디로 튈지 모르는 얌체공이 될것이 뻔하기 때문이다. 스피드는 보통을 명심하고 등속샷을 구사하되 큐는 1목적구가 쿠션에 어느 정도 떨어져있느냐를 감안하면서 그 상황에 어울리게 넣도록 하자.

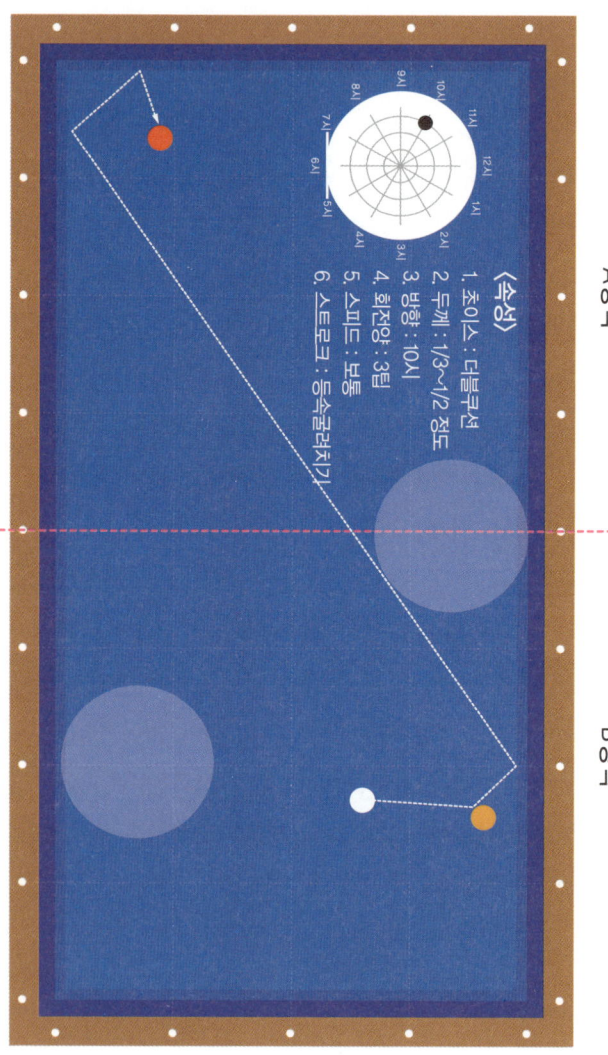

A영역

B영역

〈속성〉

1. 초이스 : 더블쿠션
2. 두께 : 1/3~1/2 정도
3. 방향 : 10시
4. 회전양 : 3팁
5. 스피드 : 보통
6. 스트로크 : 등속굴리기

23

3단 치기

득점 확률이 높은 샷

'3단치기'는 무척 멋있는 샷처럼 보이지만, 사실 득점 확률을 높이기 위해 구사하는 확률 높은 샷이다. 그런데 왜 멋있어 보일까? 그건 바로 어정쩡한 수준의 하점자들이 본 건 있고 칠 줄은 아는데 이상하게 잘 안들어가기 때문이다. 쉽게 득점하는 요령을 소개한다. 정말 쉽다.

　첫째, 절대로 큐가 비틀려서는 안된다. 곧게 뻗어야한다.
　둘째, 샷을 너무 묵직하게 팔로우로 밀거나 짤리거나 해선 안된다
　셋째, 좌우 어느쪽이든 옆회전이 많이 들어갈수록 확률이 적어진다.
　넷째, 큐의 스피드는 가급적 경쾌해야 한다.

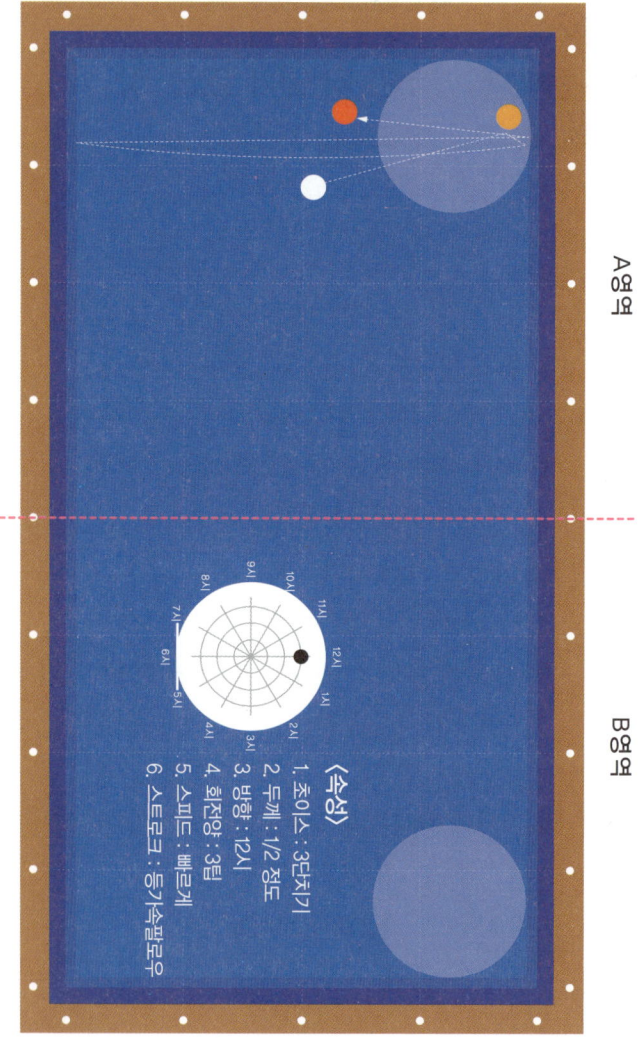

A영역

B영역

〈속성〉

1. 초이스 : 3단치기
2. 두께 : 1/2 정도
3. 방향 : 12시
4. 회전 : 3팁
5. 스피드 : 빠르게
6. 스트로크 : 등가속팔로우

● 그림2

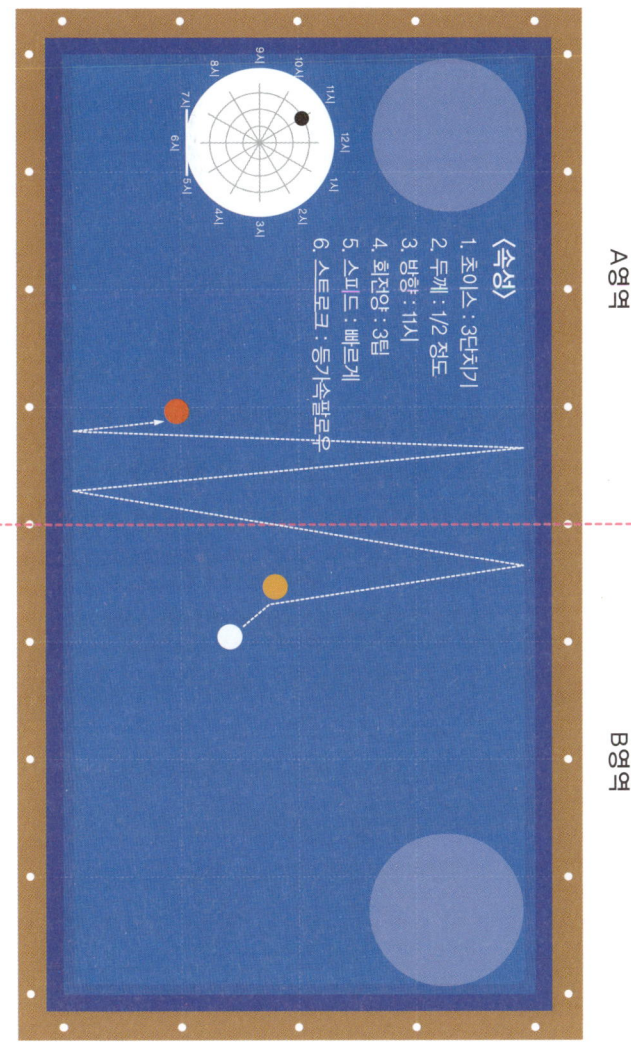

〈속성〉

1. 초이스 : 3단치기
2. 두께 : 1/2 정도
3. 방향 : 11시
4. 회전양 : 3팁
5. 스피드 : 빠르게
6. 스트로크 : 등가속샷으로

A영역

B영역

97

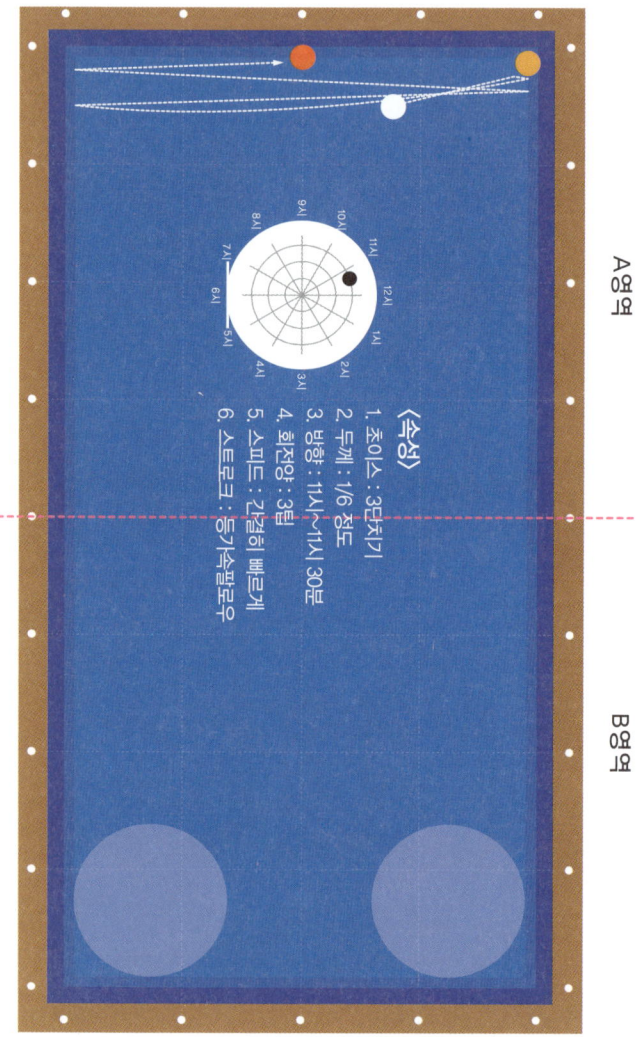

A영역

B영역

〈속성〉
1. 종이쇼 : 3단치기
2. 두께 : 1/6 정도
3. 방향 : 11시~11시 30분
4. 회전양 : 3탑
5. 스피드 : 간결히 빠르게
6. 스트로크 : 등가속팔로우

요약하자면 '3단은 옆회전을 자제하고 상단 당점으로 큐를 곧게 뿌려준다.' 단, 1목적구나 2목적구가 놓여있는 상황에 따라 1목적구의 두께와 큐의 깊이가 달라진다. 공을 많이 내려보내려면 상단을 주고 큐를 빠르게 잘라주면 되고 공을 안 내려가게 치려면 상단만 주고 깊이 빠르게 던져주면 된다. 거짓말처럼 가뿐하게 허공에서 3단 또는 그 이상으로 춤을 추는 공을 보게 될 것이다.

〈그림4〉와 같은 특수한 예도 있다. 3단에 맛을 알게 되면 필요 이상의 3단을 구사하는 경우가 있는데 1목적구와 장축과 이루는 수구의 입사각이 45도 이상이 되면 다른 초이스를 구사하는 것이 좋다.

3단은 정말 3단이 필요할 때 구사하자. 3단을 성공시키면 웬지모를 자신감이 경기 중에 충전되는 기분을 느끼게 된다.

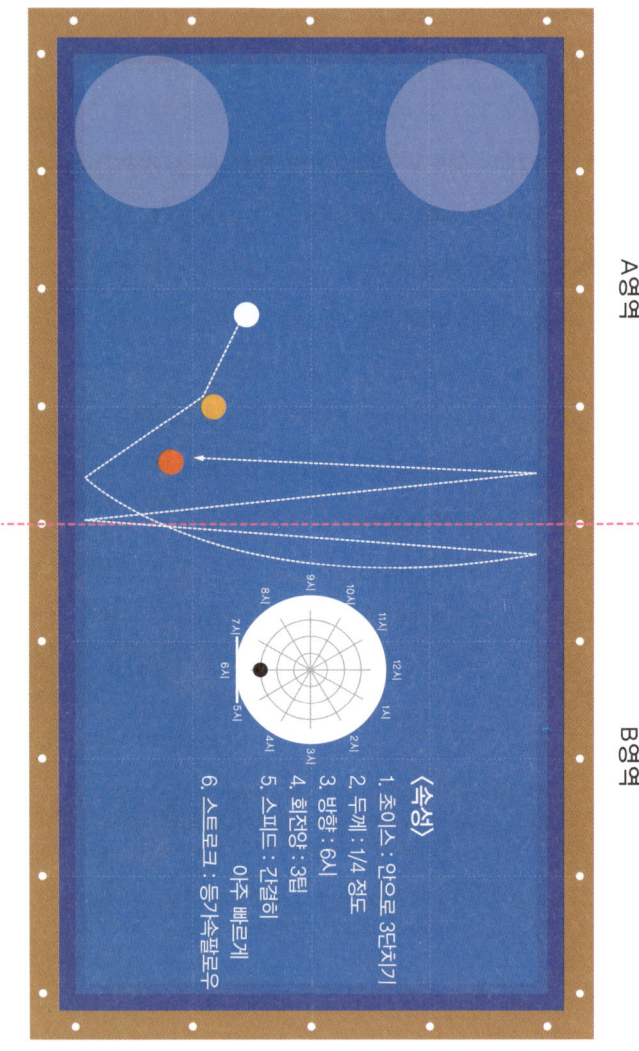

A 영역

B 영역

〈속성〉

1. 초이스 : 안으로 3단차기
2. 두께 : 1/4 정도
3. 방향 : 6시
4. 회전양 : 3팁
5. 스피드 : 간결하게
   아주 빠르게
6. 스트로크 : 등가속발로우

24

더블레일

접시

더블레일. '접시'라는 말로 많이 쓰인다. '같은 축(레일)을 두 번 맞는다'고 해서 '더블레일'이라 이름을 지은 것 같다 여기선 '접시치기'라고 표현한다.

접시치기는 일반적인 제각치기들의 초이스보다 역회전과 스피드 그리고 원쿠션을 향하는 입사각의 정도에 따라 신경쓸게 너무 많다. 그래서 감잡기가 사실 힘든 초이스 중 하나다. 접시치기는 원쿠션을 향하는 자기만의 정해진 입사각 하나(예:15°)와 자기만의 고정적인 당점(예:3시방향 2팁), 그리고 변화는 샷에서만 주면 기준잡기가 쉬워진다.

근접한 곳에서의 긴 접시치기는 부드럽고 길게 밀고, 짧아져야 할 접시치기에선 조금 스피드있게 큐를 짧게 뻗으면 된다. 긴접시는 '부드럽고 길게', 짧은 접시는 '짧고 빠르게' 두 가지의 기준을 잡고 있으면 약간씩 달라지는 공의 상황에 맞게 스피드나 큐의 깊이를 달리해주면 된다. 가장 주의와 명심

해야 할 부분은 입사각과 당점은 가급적 변화를 주지 말아야
한다는 것이다.

접시치기는 대부분 감각이라고 생각하고 그냥 '냅다 쳐버리
는' 사람들이 대부분이다. 하지만 접시치기는 성공할 경우 디
펜스와 포지션이 동시에 이뤄지는 초이스다. 성공하였을 경
우 얻어지는 이익이 매우 많은 의미있는 초이스인 것이다. 따
라서 자기만의 기준을 꼭 만들도록 해야 한다.

● **그림** 접시치기 자주 등장하는 예1

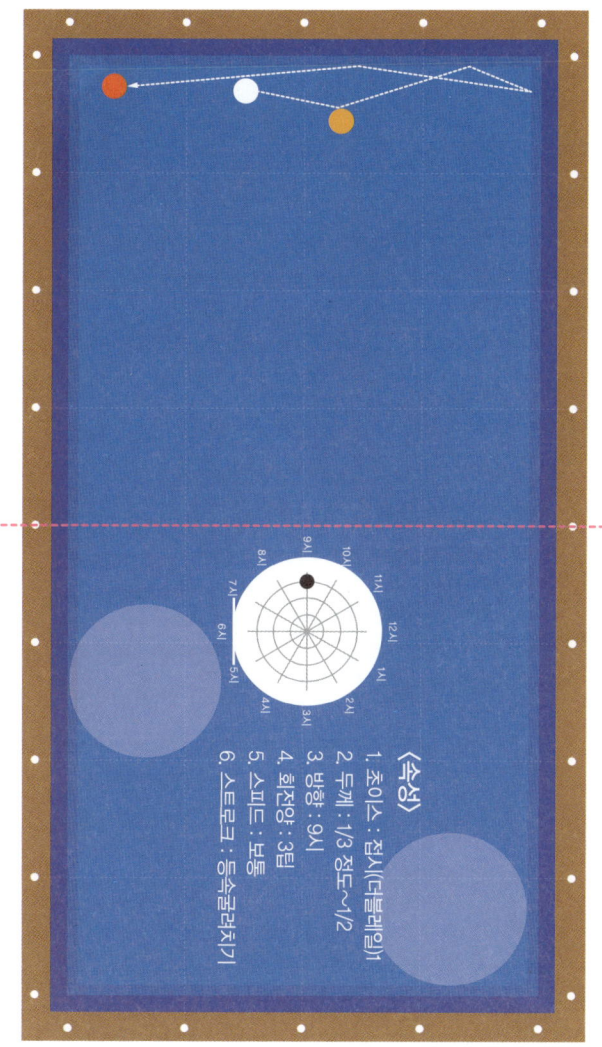

A용역

B용역

〈속성〉
1. 초이스 : 접시(더블레일)1
2. 두께 : 1/3 정도~1/2
3. 방향 : 9시
4. 회전양 : 3팁
5. 스피드 : 보통
6. 스트로크 : 등속굴려치기

103

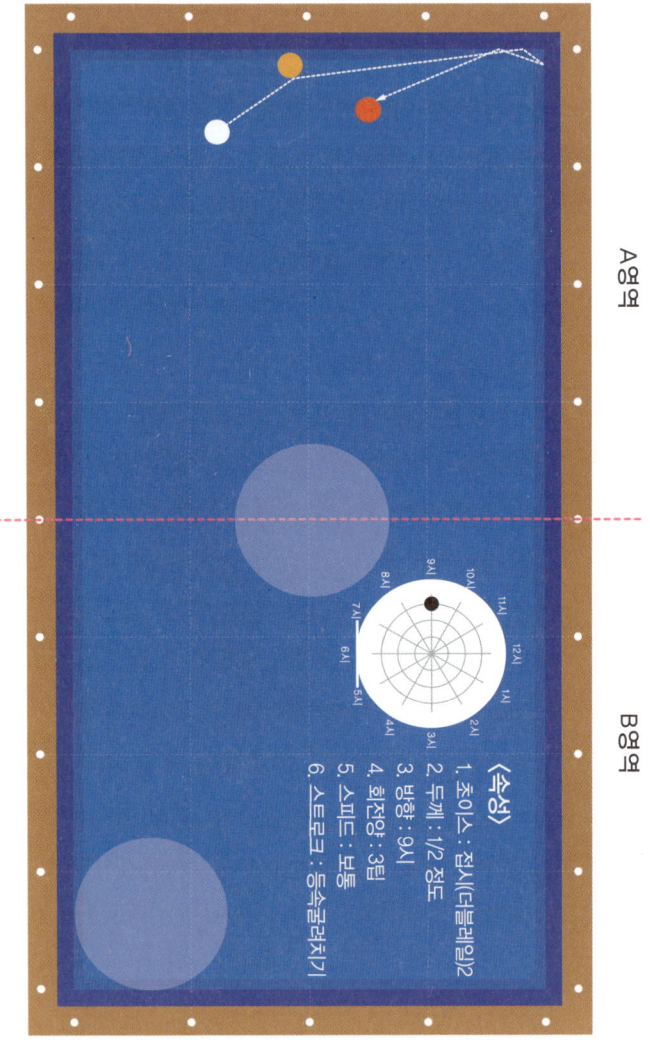

A영역

B영역

〈속성〉
1. 초이스 : 접시(더블레일)2
2. 두께 : 1/2 정도
3. 방향 : 9시
4. 회전양 : 3팁
5. 스피드 : 보통
6. 스트로크 : 등속끌어치기

25

대회전

레지

대회전은 이것도 저것도 믿을만한 구석이 없을 때 선택할 수 있는 히든카드처럼 정말 멋진 초이스라고 말하고 싶다. 직접 구사하기 애매한 공들은 조금 더 확장해 바라볼 때 평범한 대회전의 길이 보이는 경우가 많다. 보통 좀 친다는 사람들은 직접 구사하려고 하지, 쿠션을 5쿠션 이상을 보려고 하질 않는다. 5쿠션 이상을 맞춰야 한다고 해서 엄청난 힘이 필요한 게 절대로 아니다. 착시 현상 또는 착각과도 같다. 대대는 생각보다 구름이 좋아서 '쭉~'하고 뻗어주면 왠만하면 5쿠션 이상 구름이 쉽게 형성된다. 따라서 대회전은 좀 더 넓은 시야로 찾아내는 것이 중요하고 믿음을 갖고 큐를 곧게 넣어주는 샷이 중요하다.

대회전을 구사할 때 빠르게 친 것 같은데도 공의 구름이 비실비실거리는 현상이 있을 땐 큐를 짧게 잘라치진 않았나, 또는 1목적구를 1/2 이상 두툼하게 겨냥하진 않았나 체크해 보자. 대부분 힘이 부족해지는 원인은 큐를 밀지 못하고 짤라쳤거나 1목적구를 필요이상으로 두껍게 겨냥해 1목적구에 운동에너지를 대다수 뺏긴 경우가 그렇다.

좀 두껍게 겨냥하더라도 밀 때 그립을 제대로 쥐어주고 등가속도 샷을 제대로 구현한다면 그다지 엄청 빠른샷을 구사하지 않아도 쉽게 끝까지 구르게 된다.

대회전시 쿠션에 붙은 공은 중단 3팁(3시 또는 9시방향 3팁)을 주고 구사하면 변화를 최소화하면서 대회전이 쉽게 구사된다.

● 그림1

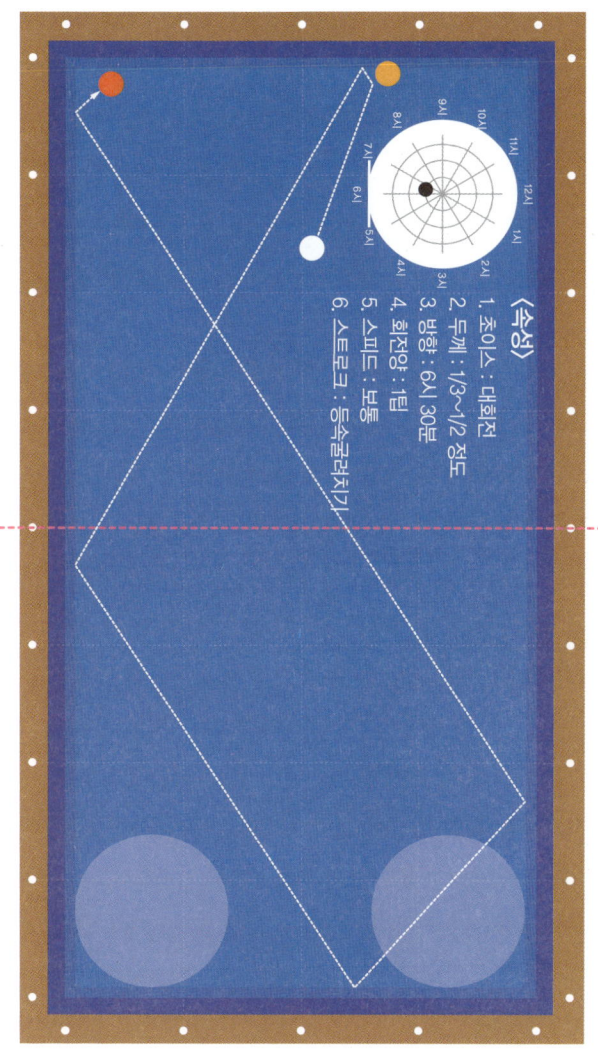

A영역

B영역

〈속성〉
1. 초이스 : 대회전
2. 두께 : 1/3~1/2 정도
3. 방향 : 6시 30분
4. 회전양 : 1팁
5. 스피드 : 보통
6. 스트로크 : 등속굴리기

〈속성〉 내 시계 표시: 12시, 1시, 2시, 3시, 4시, 5시, 6시, 7시, 8시, 9시, 10시, 11시

● 그림2

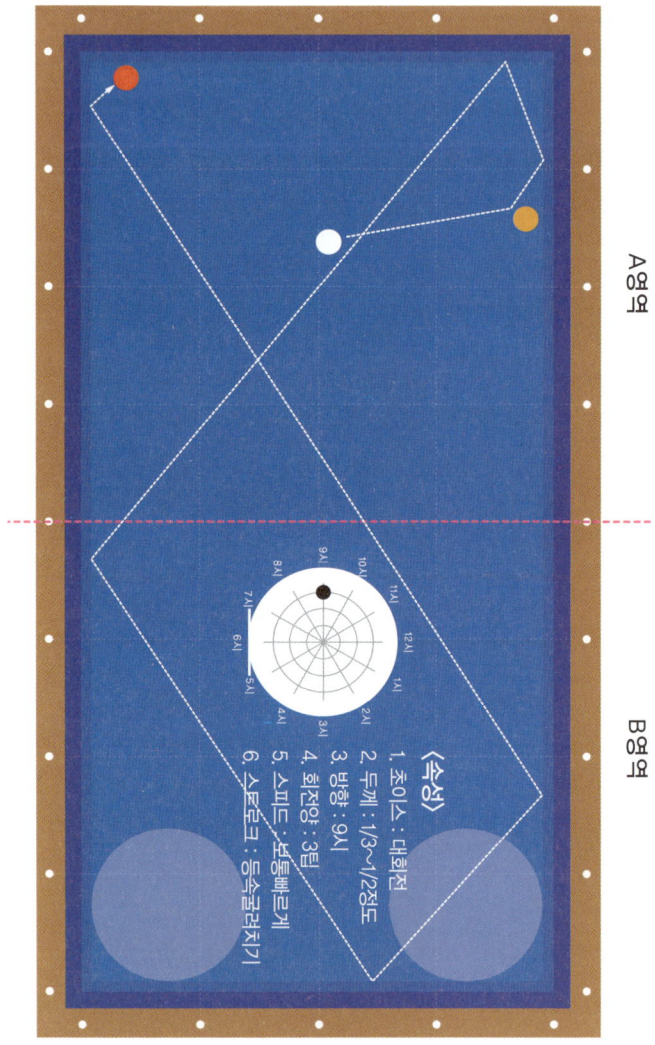

A영역

B영역

〈속성〉
1. 초이스 : 대회전
2. 두께 : 1/3~1/2정도
3. 방향 : 9시
4. 회전양 : 3팁
5. 스피드 : 보통빠르게
6. 스트로크 : 등속걸치기

● 그림3

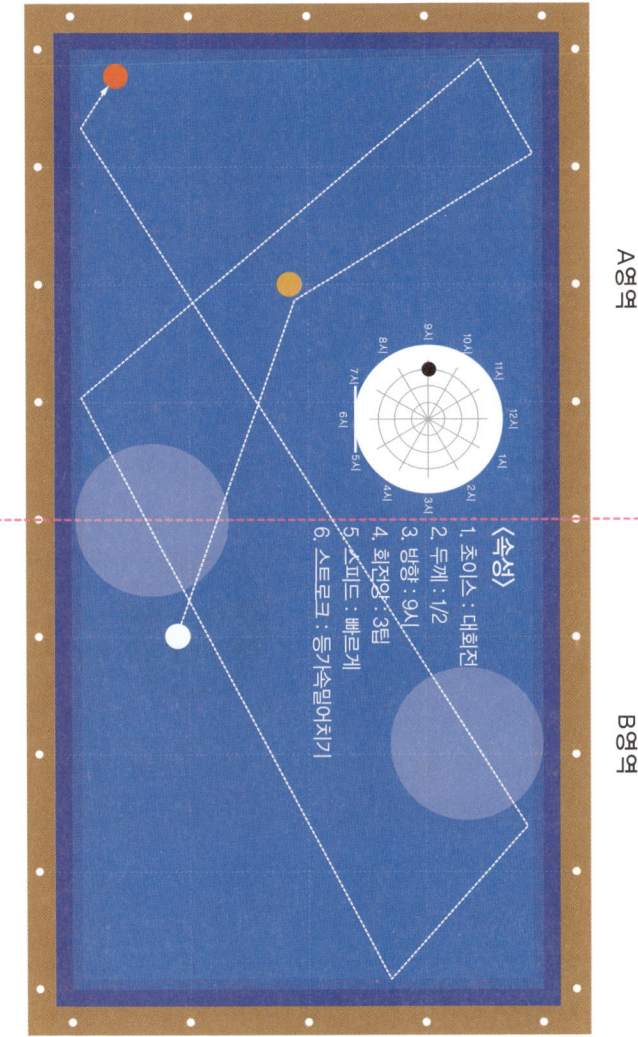

A영역

B영역

〈속성〉
1. 조이스 : 대회전
2. 두께 : 1/2
3. 방향 : 9시
4. 회전양 : 3틱
5. 스피드 : 빠르게
6. 스트로크 : 등가속밀어치기

넣어치기

공쿠션은 일명 '가락'이라는 말로 대다수 알고 있다. 공쿠션 중에 한국인이 가장 좋아하는 원쿠션 넣어치기가 있다. 동네 클럽에서 '빵구' 또는 '구멍'이라는 은어로 사용되고 있는 초이스다.

원쿠션 넣어치기는 '거울 법칙'을 떠올려 보자. 쉽게 원쿠션 값을 찾아낼 수 있다. 단, 중요한 것은 13장에서 소개하였듯 내공의 두께가 있음으로 원쿠션 지점에 닿기 전 공의 두께만큼 미리 쿠션에 반응하는 것을 간과해서는 안 된다. 원쿠션 넣어치기가 힘든 사람은 이것을 놓치기 때문일 가능성이 높다.

길게 구사하고 싶을 때 〈그림1〉처럼 얇게 겨냥해야 하는 경우 회전을 빼고 부드럽게 미는 것이 좋고(12시 1팁) 두껍게 겨냥해야 할 경우는 회전을 최대한 주고 보통 스피드로 깊게 밀어쳐 줘야한다. 회전을 많이 주는 이유는 1목적구를 맞고 튕겨나가서 각이 커지는 현상을 막아주기 위해서다. 중하단에

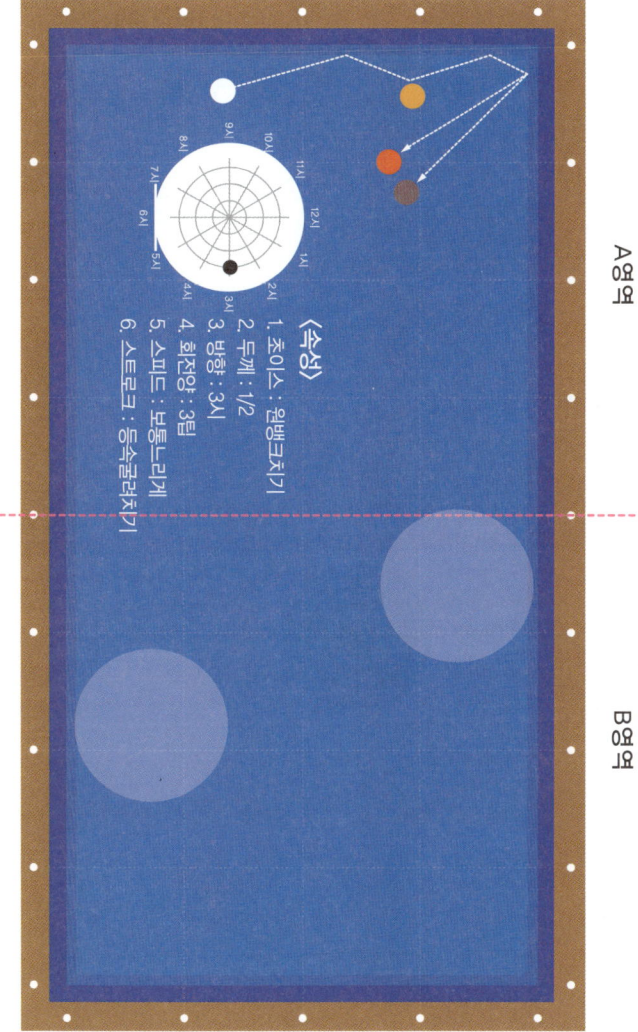

A영역

B영역

〈속성〉

1. 초이스 : 얇밷크치기
2. 두께 : 1/2
3. 방향 : 3시
4. 회전앙 : 3틱
5. 스피드 : 보통느리게
6. 스트로크 : 등속굴려치기

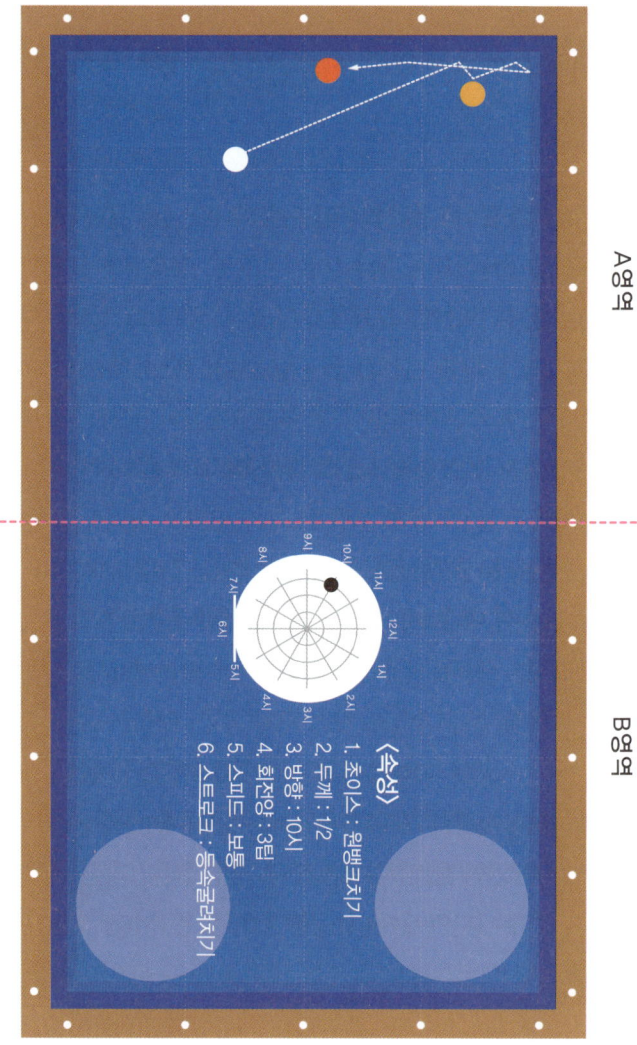

A영역

B영역

〈속성〉

1. 초이스 : 옆빽크치기
2. 두께 : 1/2
3. 방향 : 10시
4. 회전양 : 3팁
5. 스피드 : 보통
6. 스트로크 : 등속굴리치기

깊게 미는 이유는 3쿠션에서 바로 튕겨 올라오라는 의미다. 반대로 각이 크게 형성되어있는 경우 〈그림2〉의 중상단 1팁을 짧고 흰 공에 표시된 것 처럼 빠르게 잘라친다. 또는 아예 하단을 주고 짧고 빠르게 잘라친다. 그 이유는 3쿠션에서 옆으로 퍼지는 각을 최대화 해주기 위해서다.

〈그림1〉〈그림2〉는 가장 많이 등장하는 원쿠션 넣어치기 기본 유형이다.

원쿠션을 습관적으로 치는것은 좋지 않다. 당구는 절대 습관으로 치기보단 냉철하게 그 상황에 어울리는 초이스를 하는 것이 가장 중요하다. 다시 말하지만 당구의 6속성 중 출발은 '초이스'에서 시작된다.

27

공쿠션–원쿠션 II

걸어치기

일명 '시깍기'로 불리는 '원쿠션 걸어치기'다. 이 초이스는 촉이 매우 뛰어나야 구사 가능하다고 보는 경향이 많다. 실제 그렇고 본인의 회전과 샷을 스스로 통달해야 가능하다. 적당히 치는 원쿠션 걸어치기는 허공을 가르는 샷과 다를 바 없다.

이 초이스 역시 1쿠션 최초 발견을 '거울 법칙'으로 찾아내는 것이 현명한다. '회전이 얼마만큼 들어가고 큐가 어떤 속성으로 뻗어 주느냐'에 따라 비슷한 근처에서 답이 있을 수도 없을 수도 있다. 필자의 경우는 개인적으로 원쿠션 걸어치기를 좋아한다. 그것은 나만의 기준이 확실하기 때문이다. 그 기준을 잡는 방법을 소개한다.

거울의 법칙으로 1쿠션의 도달점을 우선 찾는다. 거기에서 공 1개 정도의 뒤를 친다.〈그림1〉

특별한 경우를 제외하곤 거의 항상 그렇다. 단, 당점은 9시 방향 3팁, 스피드는 보통으로 스트로크는 간결히 밀어친다.

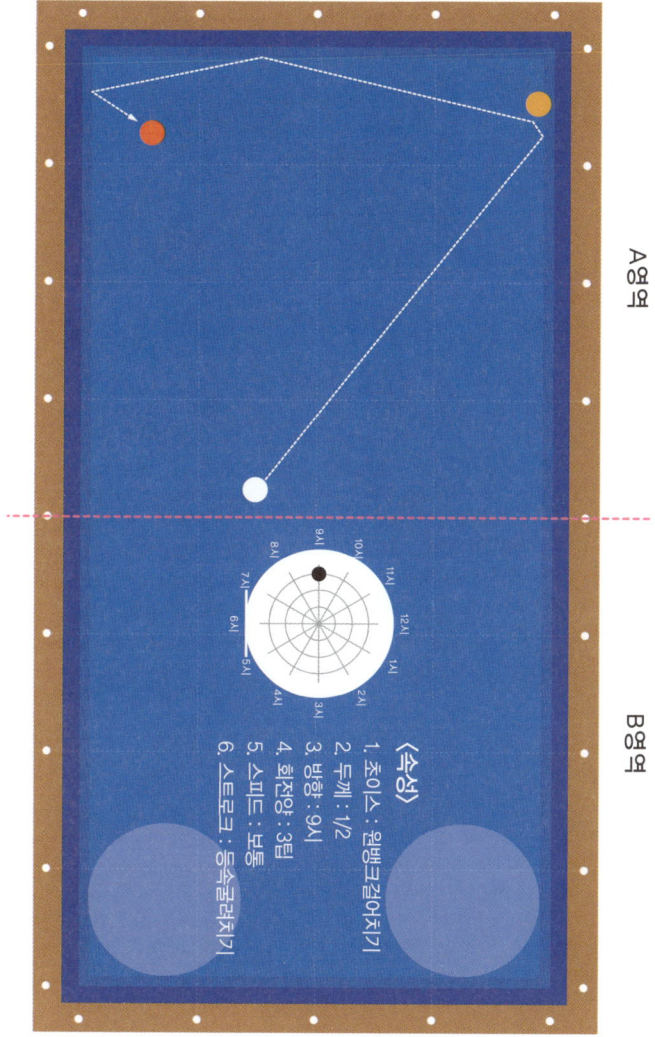

A영역

B영역

〈속성〉
1. 초이스 : 펀뱅크걸어치기
2. 두께 : 1/2
3. 방향 : 9시
4. 회전양 : 3팁
5. 스피드 : 보통
6. 스트로크 : 등속굴려치기

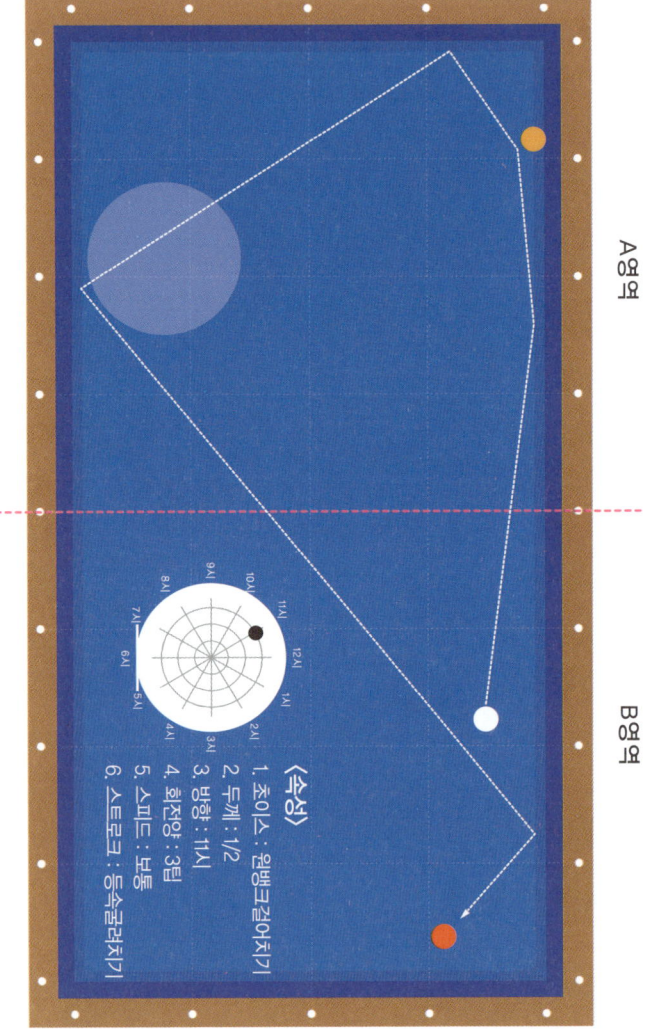

● 그림2

A영역

B영역

〈속성〉
1. 초이스 : 일뱅크걸어치기
2. 두께 : 1/2
3. 방향 : 11시
4. 회전양 : 3팁
5. 스피드 : 보통
6. 스트로크 : 등속굴려치기

11시
10시
9시
8시
7시
6시
5시
4시
3시
2시
1시
12시

116

물론 경우에 따라선 중상단 방향에 팁을 뺄 수도 있다. 다만 그런 경우는 공이 밀려야 하는 특수한 경우이거나 자기만의 기준이 확실히 잡혀있을 경우 의도적으로 구사할 때 가능하다는 것을 말해주고 싶다.

원쿠션 걸어치기는 감각이 좋을땐 수비형태의 공을 풀기가 용이하다. 또한 자기만의 기준에서 가급적 변화를 주지 말고 구사하는 것이 바람직하다.

28

공쿠션-투쿠션 l

넣어치기 '투가락'

흔히 '투가락'이라고 한다. 동네 클럽에서 '즉석(직빵)'이라는 게임을 할 때 가장 고난이도의 공쿠션 중에 하나다. '투쿠션 넣어치기'는 '뒤빵구' '뒤로 넣어치기'라고도 한다. (글을 쓰면서 또 느끼는 것이지만 당구용어는 정말 정립이 안 돼 있다. 필자는 오로지 팁만을 전달한다는 생각으로 편히 쓰고자 한다. 독자들의 이해를 구한다.)

투가락 넣어치기는 평행이동법으로 원쿠션값의 위치를 발견하는 것이 핵심이다. 물론 '입사각 반사각의 원리' 또는 '거울 법칙'을 이용해도 된다. 하지만 가장 쉽고 빠르게 얻을 수 있는 '평행이동법'을 추천한다. 어차피 근처에서 디테일한 조정에 들어가야 되기 때문이다. 원쿠션과 유사하게 자기만의 당점과 샷을 가지고, 해당 원쿠션 지점에서 살짝 조정이 들어가야 한다. 대부분 공 한 개 정도 차이에서 크게 달라지지 않음으로 '촉'이 중요하다. '촉'이 제대로 구사되려면 자신이 설

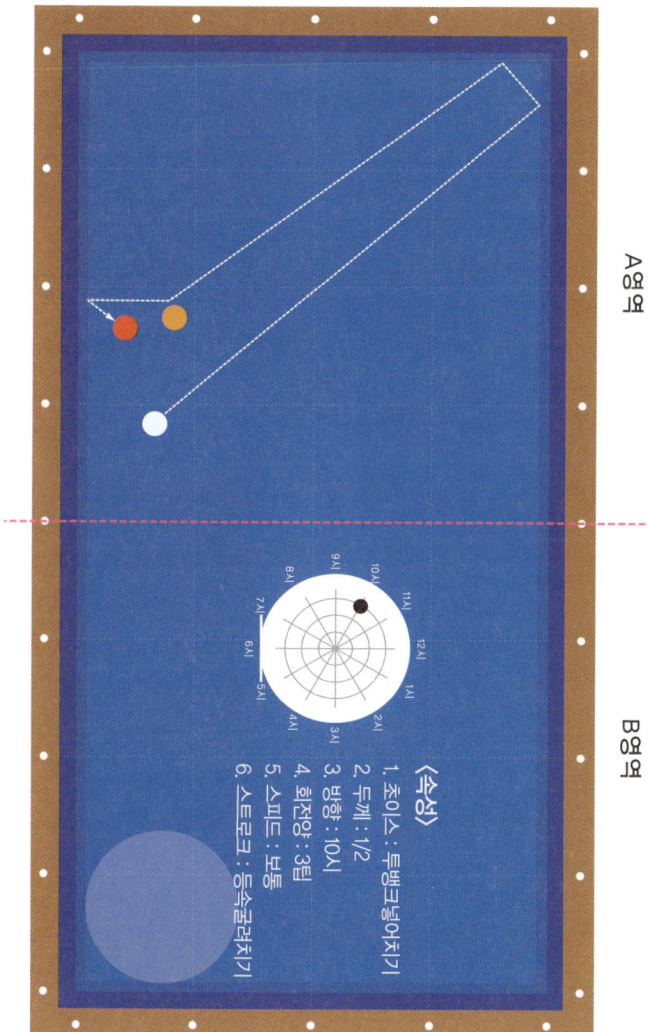

A영역

B영역

〈속성〉
1. 초이스 : 투뱅크넣어치기
2. 두께 : 1/2
3. 방향 : 10시
4. 회전양 : 3팁
5. 스피드 : 보통
6. 스트로크 : 등속굴려치기

● 그림2

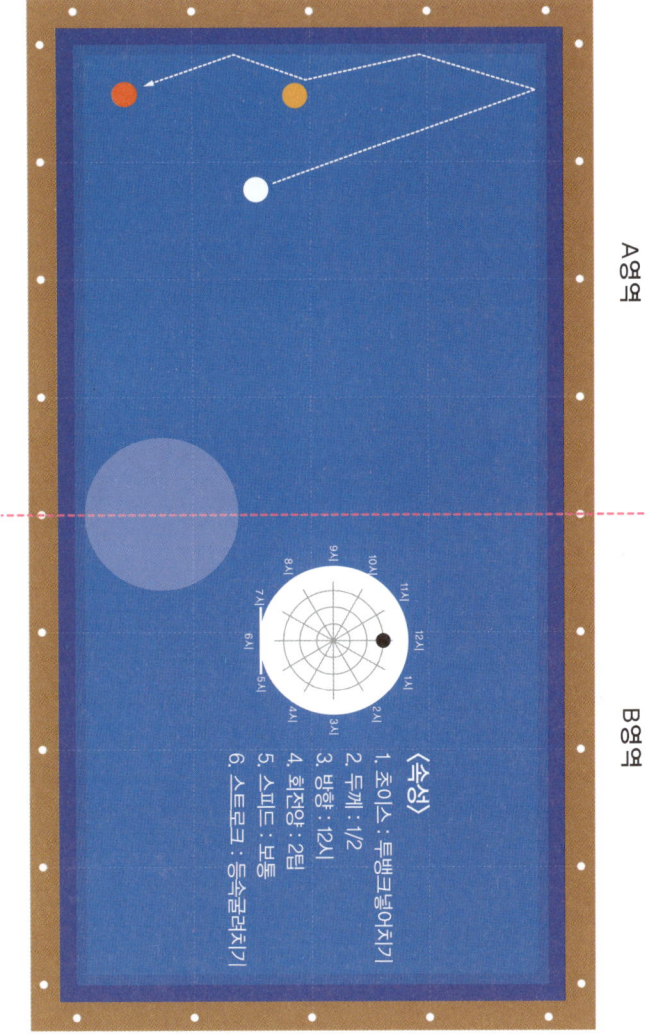

A영역

B영역

〈속성〉
1. 초이스 : 투뱅크넣어치기
2. 두께 : 1/2
3. 방향 : 12시
4. 회전양 : 2팁
5. 스피드 : 보통
6. 스트로크 : 등속클라치기

120

정한 당점, 회전량, 스트로크는 가능한 변화를 줘서는 안 된다. 만일 변화가 생기면 기계적으로 온몸이 '투가락 시스템 모드'로 전환돼야 한다. 당점의 변화를 줘야하는 상황이 발생하기도 하는데 예를 들어 〈그림1〉과 같이 1목적구에 맞고 끌려야 하는 경우는 상단 당점으로 출발해야 한다.

〈그림2〉와 같은 경우는 1목적구를 맞고 밀고 가야하는 경우로 하단당점으로 출발해야 한다. 그 이유는 원쿠션을 맞고 튀어나올 때 상단당점은 역회전으로 나오고 하단당점은 전진회전력으로 튕겨나오기 때문이다. 이것은 '원쿠션 넣어치기'에도 상황에 따라 자주 이용될 수 있는 기술이다.

시스템에 너무 의존하면 '촉'이 죽게 된다. 처음 입문하거나 학습단계 또는 게임 중 소위 '멘붕'이 왔을 때 시스템은 분명 유용하게 쓰인다. 하지만 촉이 절대적으로 필요한 당구스포츠에선 가장 위험한 독이 될 수 있다. 어느 정도 수준이 되면 시스템은 간혹 상황에 따라 꺼내 쓰는 도구 정도로만 활용돼야 한다. 이런 면에선 시스템은 '불편한 진실'이라고 말할 수 있겠다.

'투쿠션 걸어치기'는 1목적구의 안쪽을 겨냥하는 것이다. 이것 역시 1쿠션값이 설정되면, 그 설정값에서 본인 기준에 맞게 세밀하게 조정해 샷을 구사하면 된다. 실전에서 자주 나오는 상황의 초이스는 아니다. 따라서 평소 충분히 연습해야 실전에서 성공률을 높일 수 있다.

투가락 걸어치기 형태의 경우 〈그림1〉〈그림2〉와 같다.

'투쿠션 걸어치기'가 실전에서 자주 쓰이지 않는 이유는 다른 쉬운 초이스가 있기 때문이다. 하지만 구사하지 않으면 안되는 상황이 있다. 그런 경우를 대비해 평소 연습을 해두는 것이 좋다. 그런데 일반적인 동호인들의 연습을 보면 공의 배치를 대략 설정하고 연습하는 경우가 많다. 연습을 하더라도 실전에서 '꼭 그걸 치지 않으면 안 되는 공의 배치'를 설정하고 연습을 하도록 하자. 당구는 기억력 싸움이기도 하다.

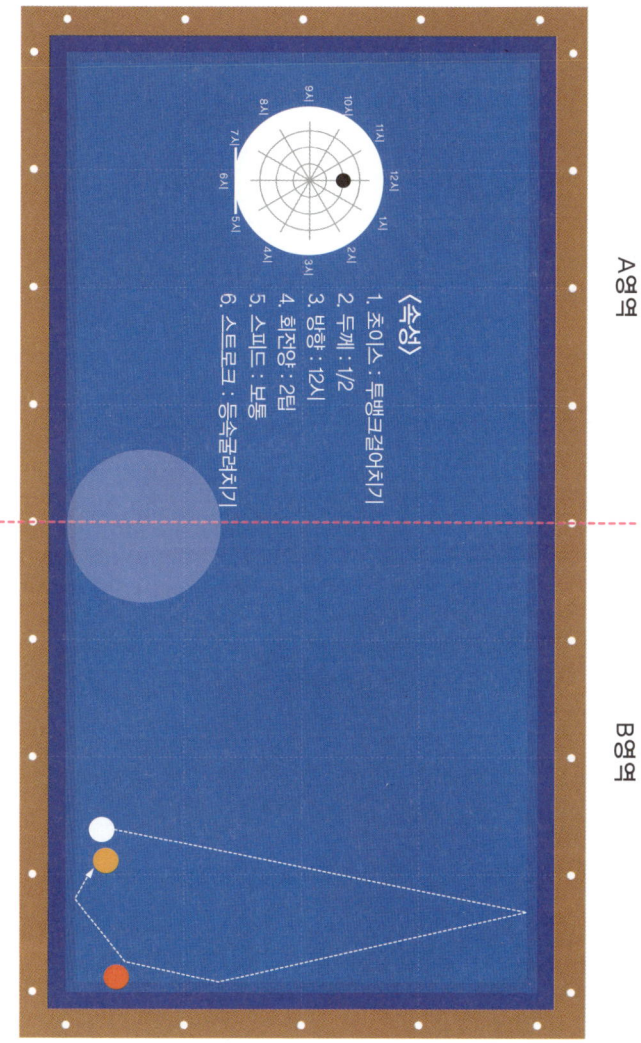

A용액

B용액

〈속성〉

1. 초이스 : 특방크걸어치기
2. 두께 : 1/2
3. 방향 : 12시
4. 회전양 : 2팁
5. 스피드 : 보통
6. 스트로크 : 등속걸쳐치기

12시
11시
10시
9시
8시
7시
6시
5시
4시
3시
2시
1시

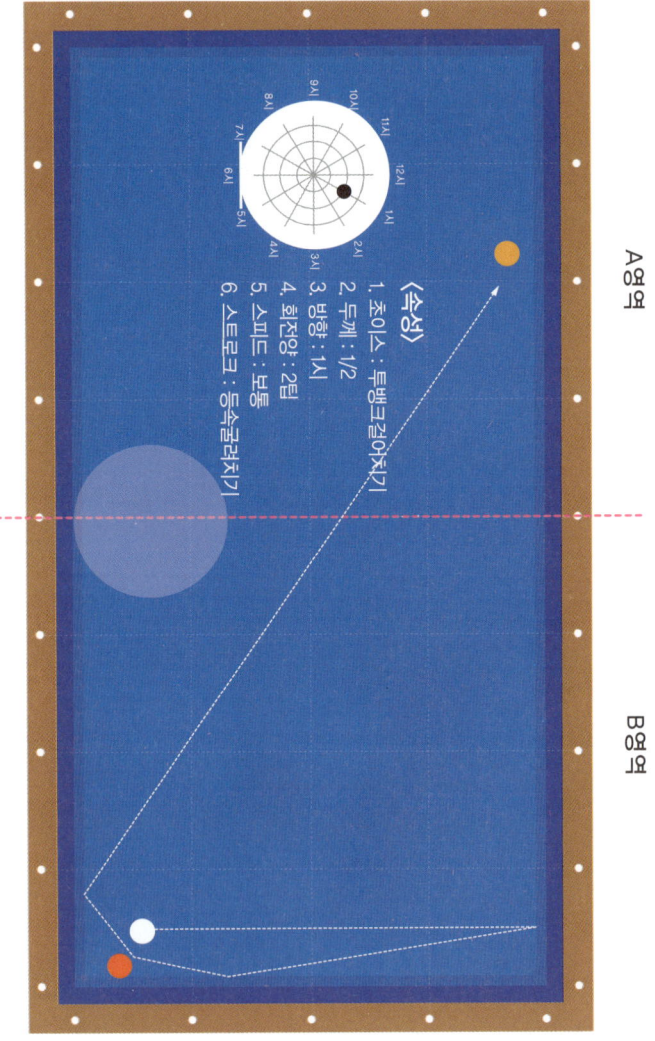

A영역

B영역

〈속성〉
1. 초이스 : 특별크겉어치기
2. 두께 : 1/2
3. 방향 : 1시
4. 회전암 : 2팁
5. 스피드 : 보통
6. 스트로크 : 듬속굴러치기

11시
12시
10시
1시
9시
2시
8시
3시
7시
4시
6시
5시

30

공쿠션 I

원쿠션 '접시'

원쿠션 접시도 실전에서 자주 등장하는 초이스다. 이런 초이스를 발견하느냐 못하느냐 자체만으로도 그 사람의 수준이 평가될 수 있다. 원쿠션 접시는 어지간한 200점, 300점 수준의 동호인은 발견할 수 있는데 쉽게 성공으로 이어지는 경우를 본적은 별로 없는 듯하다.

원쿠션 넣어치기 역시 거울의 법칙으로 1쿠션값을 발견하는데 1쿠션 넣어치기와는 다르게 역회전으로 출발함으로 기준이 확연히 반대가 되는 셈이다. 필자의 경험으로는 거울의 법칙으로 발견된 1쿠션 값 위치에서 거의 달라지지 않았다. 미끄러지는 정도와 회전양 그리고 샷의 종류에 따라 반사각의 변화와 회전양의 변화가 큼으로 현재의 요소를 가지고 자기만의 기준을 만들도록 하자.

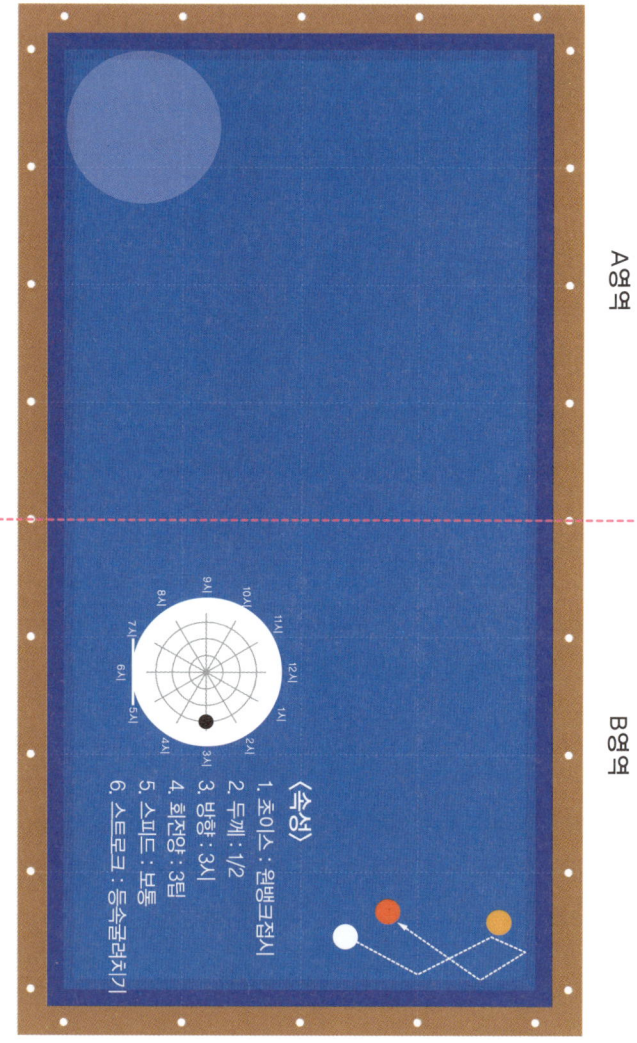

A영역

B영역

〈속성〉
1. 종이스 : 끝빼크접시
2. 두께 : 1/2
3. 방향 : 3시
4. 회전양 : 3팁
5. 스피드 : 보통
6. 스트로크 : 등속끝러치기

12시
1시
2시
3시
4시
5시
6시
7시
8시
9시
10시
11시

● 그림2

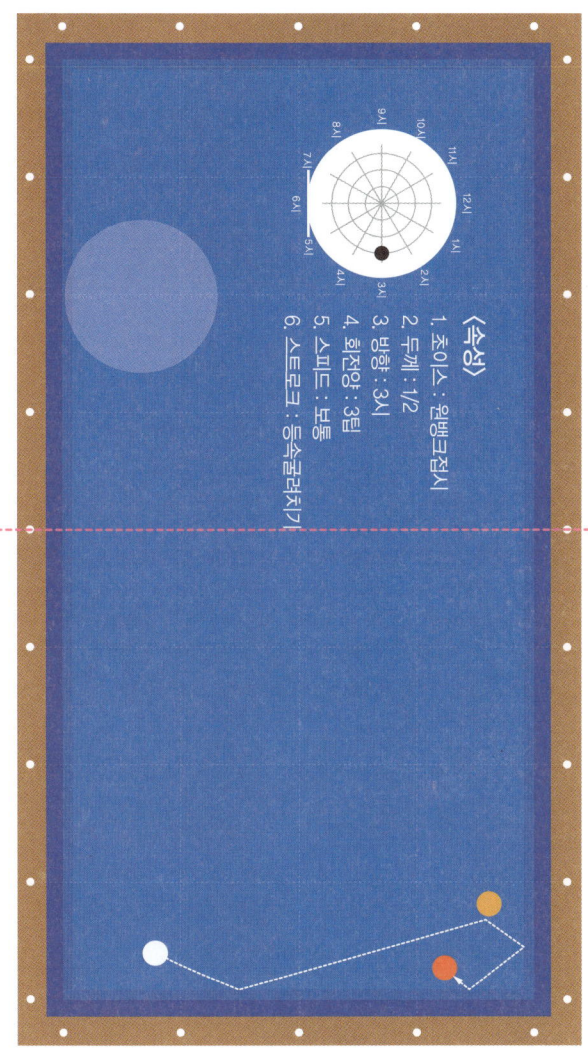

원쿠션 접시치기를 구사할 때 큐를 짧게 잘라치게 되면 반사각의 크기는 커지고 1목적구를 맞고 밀리는 현상이 생김으로 긴형태의 공을 구사할 때 사용하면 용이하고, 큐를 깊게 밀어치게 되면 미끌어지게 됨으로 반사각은 작아지게 되고 1쿠션을 맞고 끌리는(튕겨지는)반응이 심해지게 된다. 따라서 짧은 공을 구사할 때 용이한 방법임을 알도록 하자. 물론 큐의 스피드에 따라서도 달라짐으로 위의 원리를 개념삼아 다각도로 연습해서 몸에 기억하도록 하자.

PART 04

'굿 샷'을 부르는 고수의 기술

31

공쿠션 II

더블레일

접시 형태로 넣어치는 공쿠션이다. 간혹 다른 길을 선택해 아주 쉬운 공도 망가지는 경우가 있다.

바로 이런 경우의 초이스가 그렇다. 이럴 때 다양한 공의 변화를 알고 있다면 생각보다 쉽게 구사해 득점에 이를 수 있다.

접시 넣어치기는 앞에 설명한 접시치기의 기준을 복습해 적용하도록 하자.

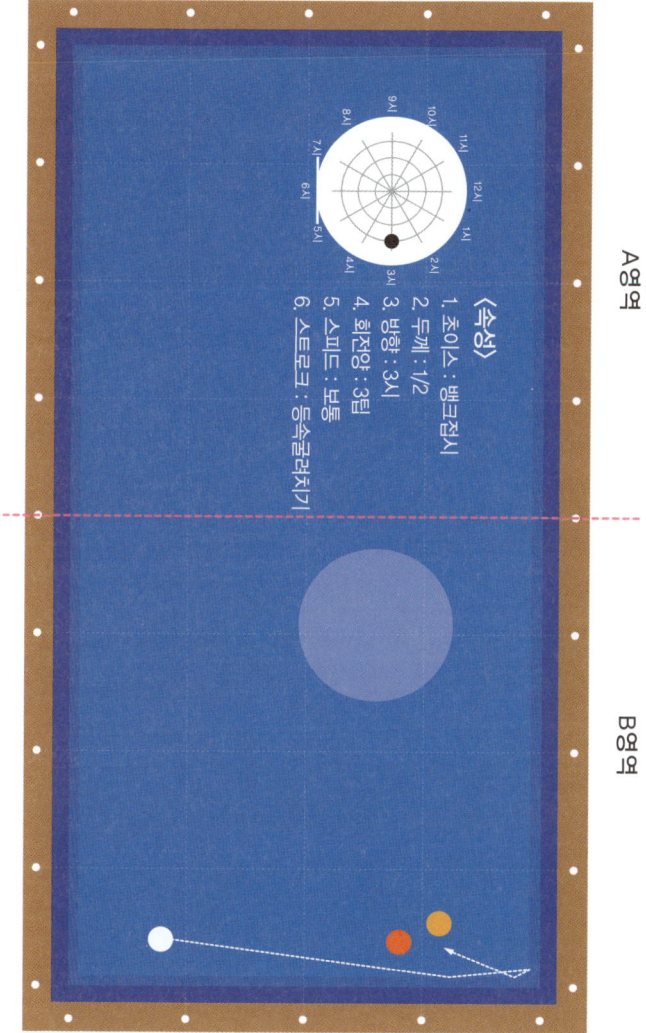

A영역

B영역

〈속성〉

1. 초이스 : 뱅크접시
2. 두께 : 1/2
3. 방향 : 3시
4. 회전양 : 3팁
5. 스피드 : 보통
6. 스트로크 : 등속굴려치기

11시 12시 1시
10시   2시
9시   3시
8시   4시
7시   5시
6시

● 그림2

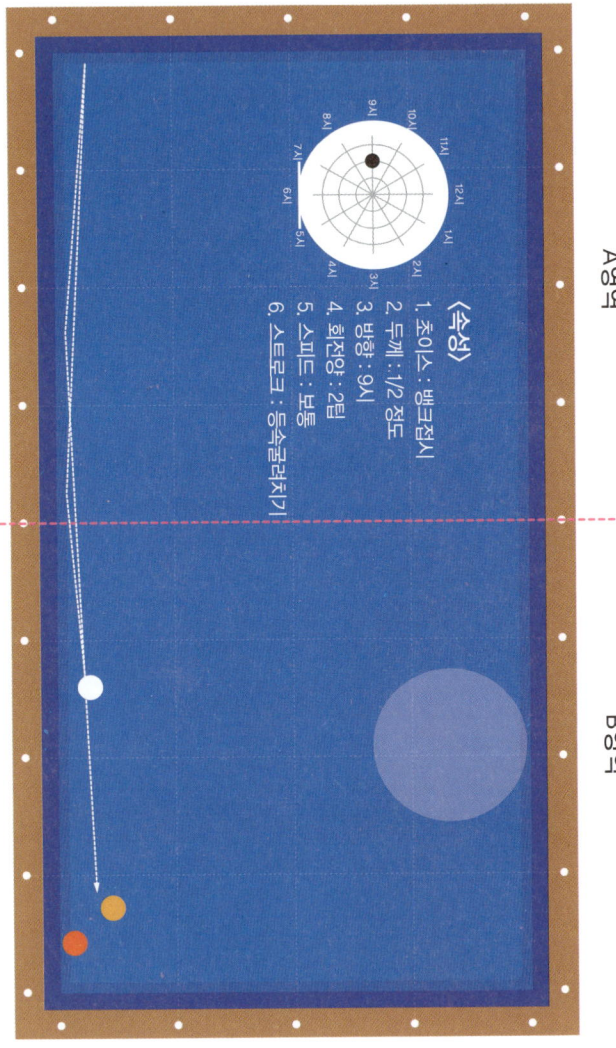

A영역

B영역

〈속성〉

1. 초이스 : 뱅크접시
2. 두께 : 1/2 정도
3. 방향 : 9시
4. 회전양 : 2팁
5. 스피드 : 보통
6. 스트로크 : 등속굴리기

7시 · 6시 · 5시 · 4시 · 3시 · 2시 · 1시 · 12시 · 11시 · 10시 · 9시 · 8시

32

공쿠션 Ⅲ

프러스투

프러스투(Flus two) 시스템은 파이브 앤드(Five & Half) 시스템으로 구사되지 않는 공을 해결하는 초이스로 자주 쓰인다. 자주 쓰이는 초이스임에도 불구하고 어지간한 동호인들은 잘 활용하지 않는 것 같다. 자기만의 기준이 있다면 어렵지 않게 구사할 수 있는 만큼 꼭 자기만의 프러스투 시스템을 갖추도록 하자. 항간의 도서목록이나 자료를 보면 수치로 표현된 시스템이 많이 있는데, 필자 역시 수치로 표현을 하는 게 나쁘지 않다고 본다. 아무래도 보다 쉽게 계산이 되기 때문일 것이다. 그런데 앞서 말했지만 계산에 너무 의존하지 말도록 하자. 현재 쿠션의 컨디션 또는 본인의 당점과 샷의 내용에 따라서 공 1개 이상의 변화로 목적지에 내려올 수 있기 때문이다.

체공거리가 긴 상황은 프러스투를 가급적 적용하지 말자. 체공거리가 길게 되면 두 번째 쿠션을 돌고 내려온 공이 3쿠선 째에서 역회전으로 튕겨 올라가는데, 그 변화 감지가 쉽지 않기 때문이다. 상당한 감각을 필요로 한다. 그럴 땐 다른 초이스를 하는 것이 현명하다.

프러스투는 목적구들이 3쿠션에서 크게 떨어져 있지 않은 상황에서 설계하는 것이 확률을 더 높일 수 있다는 것을 알도록 하자.

프러스투시스템 뿐 아니라 그 어떤 시스템을 구사할 때에도 가급적 일정한 템포로 치는 기준을 갖는 것이 바람직하다. 그래야 내공의 가상적 그림이 바로 그려지기 때문이다.

필자는 가끔 원 포인트 레슨을 해주게 될 경우 쓰는 표현이 있다. "그림을 잘 그려야 고수가 된다." 다른 말로는 '6가지 속성의 설계를 끝내고 허리를 숙여라'란 뜻이다.

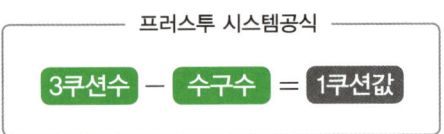

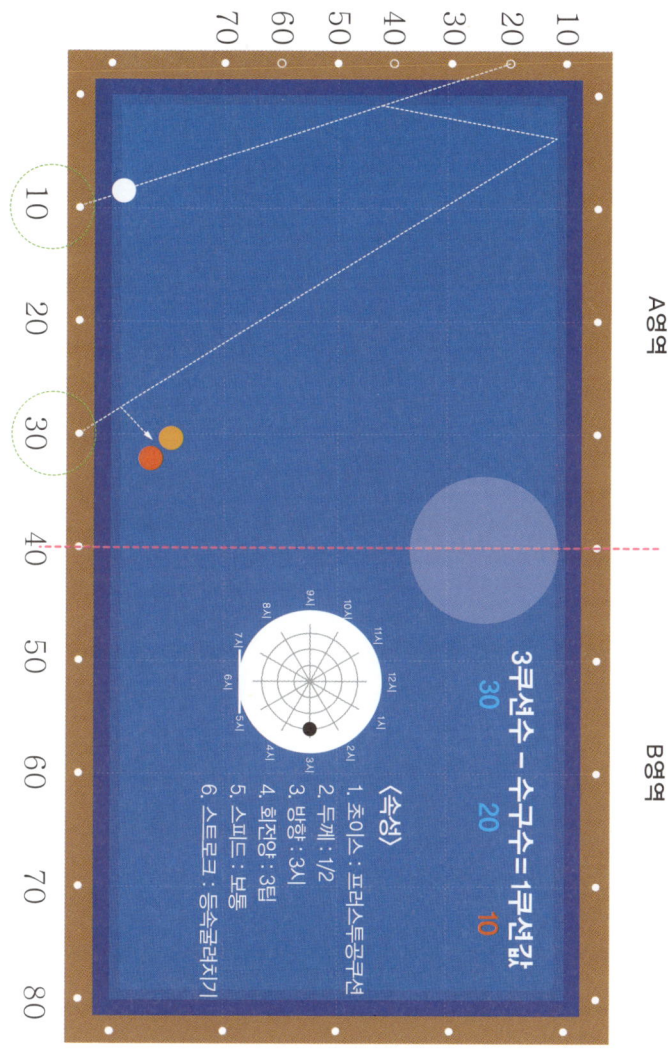

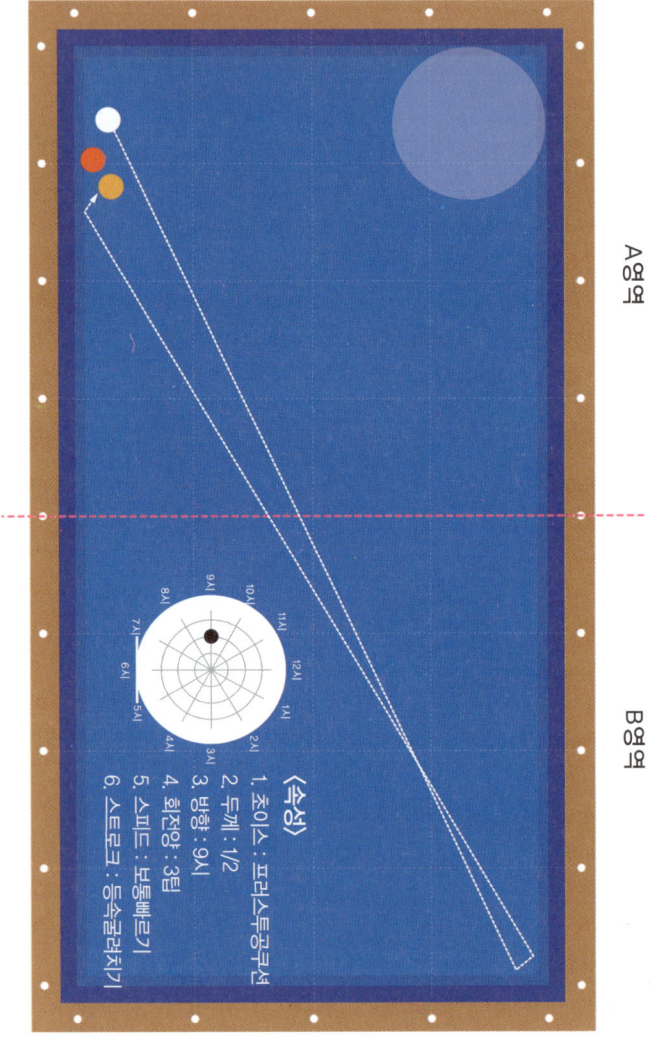

A영역

B영역

〈속성〉
1. 초이스 : 프레스트로크션
2. 두께 : 1/2
3. 방향 : 9시
4. 회전양 : 3팁
5. 스피드 : 보통빼르기
6. 스트로크 : 등속굴려치기

33

공쿠션Ⅳ

파이브 앤드 하프 시스템

당구를 좋아하는 동호인이라면 익숙하게 알고 있을 초이스다. 굳이 필자가 기술할 필요가 없지만 기존 책에서 언급하지 않은 요령 부분을 알려주고자 한다.

'파이브 앤드 하프 시스템(Five & Half System)'은 제각돌리기 하듯 공의 회전방향으로 3쿠션을 돌고 목적구를 맞추는 유형이다. 세 개의 쿠션을 돌다 득점해야 함으로 체공거리가 길다 보니 당구대의 컨디션이나 샷의 구질에 따라 공 1개 이상 차이 나는 경우가 비일비재하다. 따라서 계산은 쉬울지 몰라도 의외로 실수가 잦아 촉을 단단히 세워야 할 초이스임에는 틀림없다.

계산방법을 모르는 동호인은 어딜 쳐야할지 대략 습관적인 구력의 감으로 비슷한 위치를 겨냥하곤 한다. 안 맞더라도 알고 치는 것과 모르고 치는 것은 큰 차이인 것이다. 우선 알고 있는 상식이라도 공식은 알고 보자.

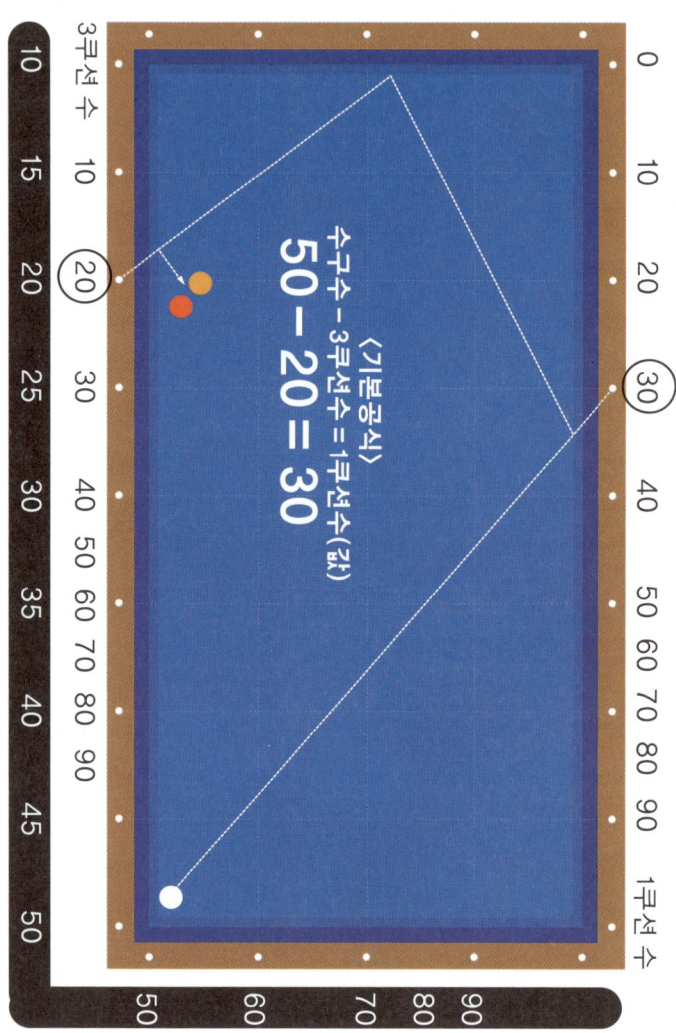

● 그림1

〈기본공식〉
수구수 − 3쿠션수 = 1쿠션수(값)
50 − 20 = 30

3쿠션 수

1쿠션 수

138

1쿠션수와 3쿠션수 그리고 수구수를 암기해야 한다. 어렵지 않게 암기가 가능하다. 그런데 수구수를 발견하기가 쉽지 않을 것이다. 어정쩡하게 더하기 빼기를 했다가는 오히려 자기 촉으로 치는 것보다 못할 수도 있다.

'수구수 − 3쿠션수 = 1쿠션수'라고 했는데 또는 '수구수 − 1쿠션수 = 3쿠션수'도 같은 말이다. 뭐 이래나 저래나 더하기 빼기라서 똑같지만 후자 쪽의 공식을 권장하고 싶다. 왜냐면 수구값과 1쿠션값은 나침반의 원리로 두 개의 값이 확정되기 때문이다.

'수구수를 찾을 땐 나침반의 원리로 찾는다.' 무슨 뜻이냐면 하나의 기다란 막대기(큐로 하는 것이 좋겠죠?)로 수구수와 1쿠션 수에 걸쳐놓고 '수구수 − 1쿠션수'를 하였을 때 3쿠션값이 되도록 수구가 중심이 되고 막대기는 나침반 바늘이 되어 시계 방향 또는 시계반대방향으로 움직인다. 정확히 '수구수 − 1쿠션수'를 하였을 때 3쿠션값이 나오는 하나의 선을 발견할수 있다. 이건 약간의 훈련이 필요한데 몇 번만 하면 금방 찾게 될 것이다.

그런데 테이블 상태에 따라서 약간의 차이가 있으니 테이블 컨디션에 따라 약간 보정을 해줘야 한다.

특별한 계산이 없이 쉽게 찾는 요령도 소개한다. 물론 앞의 시스템에서 파생된 약식 계산법인데 그냥 암기해버리면 쉽게

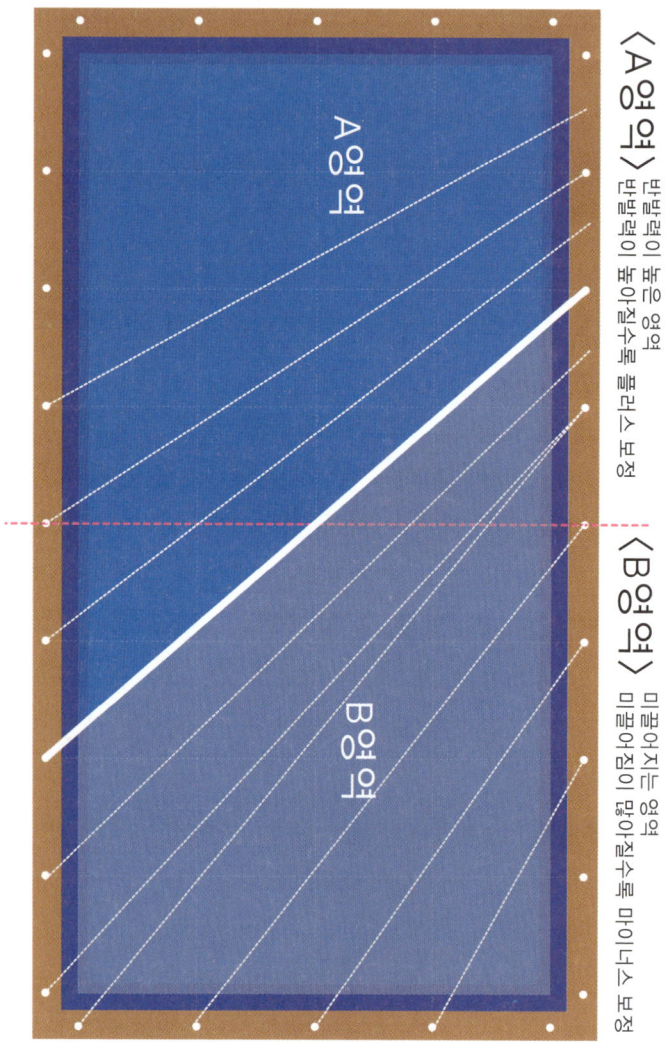

〈A영역〉 반발력이 높은 영역
반발력이 높아질수록 플러스 보정

〈B영역〉 미끌어지는 영역
미끌어짐이 많아질수록 마이너스 보정

A영역

B영역

실전에서 구사할 수 있다.

〈그림2〉의 선들은 구석(일명 '똥창')으로 들어오는 기준선이다. 이 선을 기준으로 1포인트 길게 떨어뜨리고 싶을 땐, 기준선에서 1포인트를 더하면 되고 0.5포인트 짧게 치고 싶으면 기준선에서 0.5포인트 빼면 된다.

단, B영역에서 A영역으로 갈수록 원쿠션에서의 마찰값이 달라지는 것을 감안하여 현재 기준선에서 B영역으로 갈수록 쳐야할 1쿠션값에서 마이너스를 해줘야 한다.

반대로 수구의 위치가 A영역쪽으로 간다 싶으면 쳐야할 1쿠션값에서 조금 플러스를 해줘야 한다. 하지만 중앙에 있는 굵은 흰선은 입사반사각이 같은 선이다. 이 라인은 반드시 구석으로 들어온다. 이 선을 기준으로 빼주는 정도와 더해주는 정도를 가감하면 된다.

34

굴려치기 I

투바운딩 1

원쿠션 투바운딩은 뒤의 〈그림〉과 같은 유형이다. 투바운딩은 예술구로 생각하는 분들이 많은데 사실 요령을 알면 하점자도 쉽게 구사할 수 있다.

투바운딩은 두께도 중요하지만 큐를 마지막에 잡아 줘야 한다. 이왕이면 빠르게 잡아주는 것이 더욱 좋지만, 무조건적인 것은 아니다.

'6속성은 항상 2목적구의 위치에 따라 달라진다'는 점을 명심해두자. 빗겨치기 형태로 두께를 겨냥하되, 가급적 '최대 두께'여야 한다. 90 ~ 95%의 두께, 당점은 '느낌당점'인 12시 30분(공가는 쪽의 방향으로 약간 주는 것을 '느낌당점'이라 표현한다), 회전양은 3팁, 스피드는 빠르게(이 부분은 2목적구의 위치에 따라 달라질 수도 있다.), 스트로크는 간결하게 잡아치기(체공거리가 멀땐, 먼만큼 큐를 많이 넣어주고, 짧을 땐 짧은 만큼, 짧게 넣어준다. 중요한건 빠르게 넣고 마지막에 그립을 '착–!' 잡아준다는 것이 핵심이다.)

정두께가 아닌 약간 빗겨치기 형태로 치는 이유는 키스를 피하기 위함이고 1쿠션에 보다 슬로우로 빨리 다가서기 용이함이다.

빠르게 잡아치는 스트로크와 함께 12시 30분 3팁으로 90 ~ 95%의 두께를 겨냥하는 이유는 공의 전진 회전량을 최대한 극대화하기 위한 요령인 것이다. 이 부분이 핵심이다. 스트로크 중에서 회전량을 극대화 시키는 것은 빠르게 잡아치는 스트로크다. 또한 공의 회전양은 1목적구를 두툼하게 맞았을 때 그 회전양을 더욱 극대화 되기 때문이다.

느낌당점을 주는 이유는 공의 2목적구 진로를 용이하게 하기 위함인데, 당점의 방향이 너무 중단으로 내려오면 전진력이 감소돼 투바운딩될 확률을 떨어뜨리니 주의하도록 하자. '느낌!' 말 그대로 약간 '준 듯 만 듯'한 당점인 것이다.

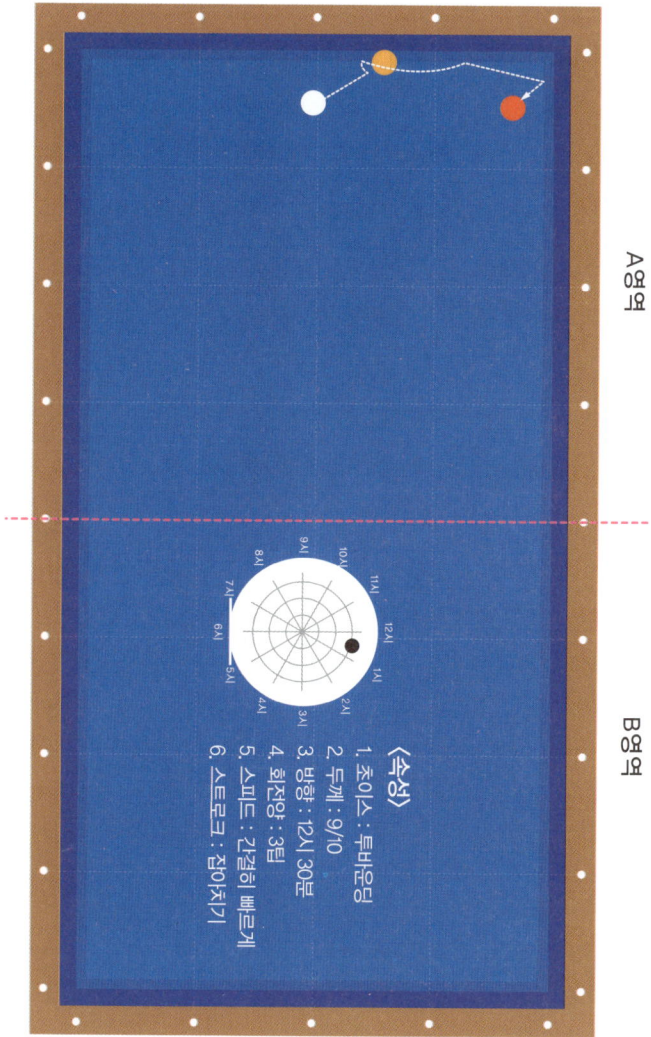

A영역

B영역

〈속성〉
1. 흙이스 : 투바운딩
2. 두께 : 9/10
3. 방향 : 12시 30분
4. 회전양 : 3틴
5. 스피드 : 간결히 빼르게
6. 스트로크 : 집아치기

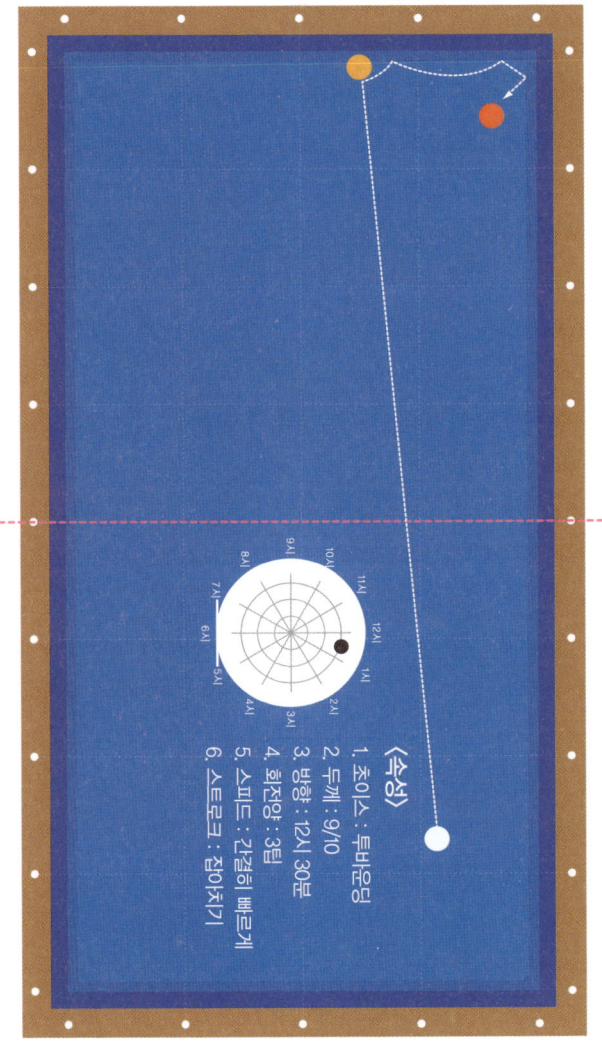

A영역

B영역

〈속성〉

1. 초이스 : 투바운딩
2. 두께 : 9/10
3. 방향 : 12시 30분
4. 회전양 : 3팁
5. 스피드 : 간결히 빠르게
6. 스트로크 : 잡아치기

35

굴려치기 II

투바운딩 2

또 다른 유형의 투바운딩 기술이다. 역시 6속성을 기억하고
연습해 투바운딩의 촉을 몸으로 꼭 기억하도록 하자.

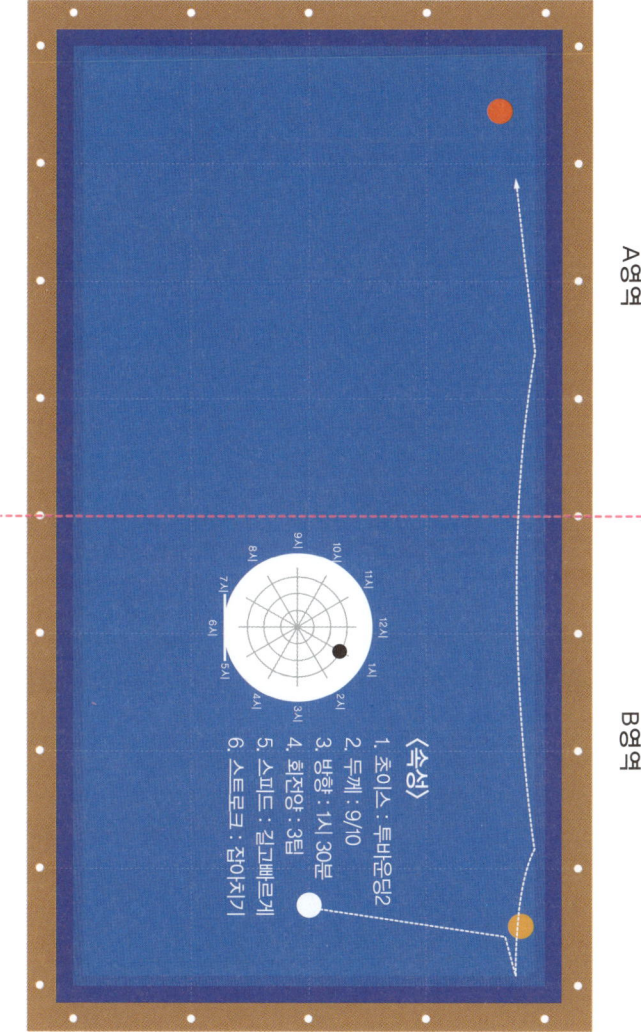

A영역

B영역

〈속성〉

1. 초이스 : 투바운딩2
2. 두께 : 9/10
3. 방향 : 1시 30분
4. 회전앙 : 3팁
5. 스피드 : 길고빠르게
6. 스트로크 : 잡아치기

● 그림2

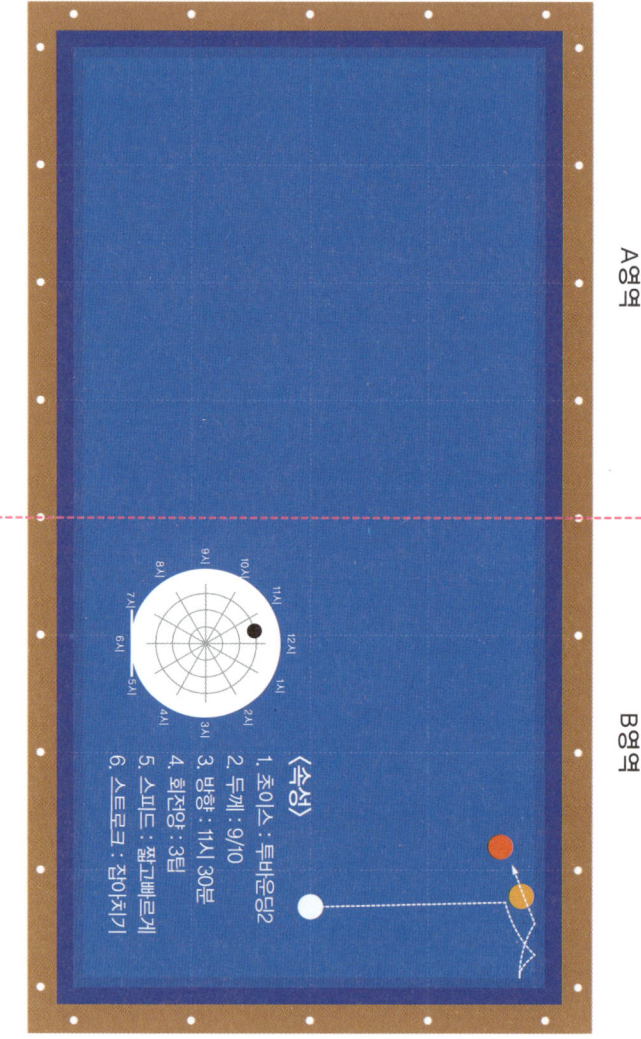

A영역

B영역

148

36

끌어치기

투바운딩 3

끌어서 투바운딩을 하려고 생각하면 부담이 크다. '그냥 전진력을 많이 주어 굴려쳐도 투바운딩이 될까 말까하는데 얼마나 쎄게 끌어야 그게 가능할까?' 이런 생각 때문이다.

하지만 전혀 걱정할 필요가 없다. 이것도 요령이다. 끌어치기의 힘으로 투바운딩을 하는 것이 아니고 조금이지만 겨냥한 두께방향으로 분리각이 생기는데 그것을 이용하며 1쿠션을 얻는 것이고 반발이 살짝 이루어진 다음에는 오로지 끌리는 힘으로 두 번째 쿠션에 닿는 원리인 것이다.

그러니까 1목적구를 친 후 1쿠션에 툭 닿는 느낌으로 도달시켜만 준다면 나머지는 쿠션의 반발력과 끌리는 힘으로 자연스럽게 연출된다.

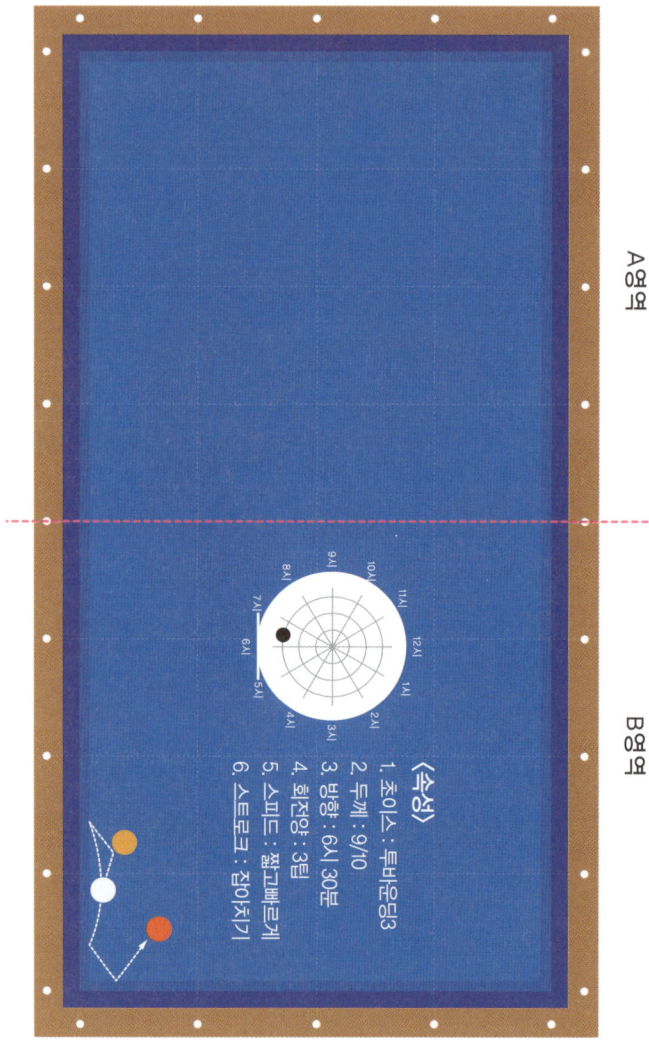

A영역

B영역

〈속성〉

1. 초이스 : 투바운딩3
2. 두께 : 9/10
3. 방향 : 6시 30분
4. 회전양 : 3팁
5. 스피드 : 짧고빠르게
6. 스트로크 : 잡아치기

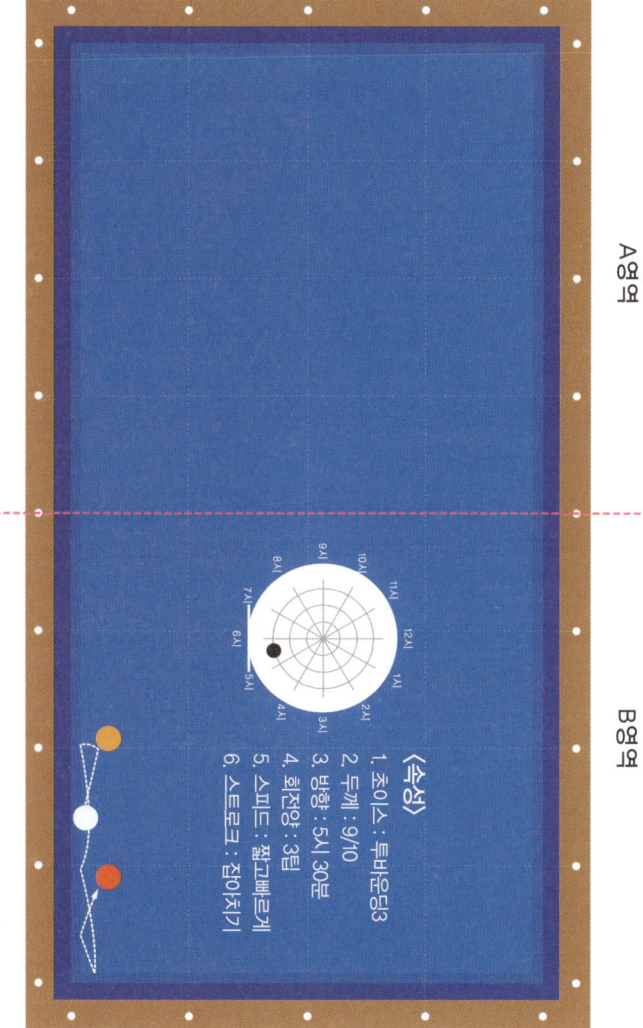

A영역

B영역

〈속성〉

1. 초이스 : 투바운딩3
2. 두께 : 9/10
3. 방향 : 5시 30분
4. 회전양 : 3팁
5. 스피드 : 짧고빠르게
6. 스트로크 : 잡아치기

끌어치기 투바운딩도 굴려치기 투바운딩처럼 큐를 많이 넣지 않는다. 중요한 것은 빠르게 큐를 넣고 잡아주는 것이 핵심이다. 물론 뒤로 끌리는 공이 닿으면 안 되므로 바로 큐를 들어주면 된다.

투터치를 염려하는 동호인들이 무척 많아 대부분 이론만 알고 구사를 못하는 분들이 많은데 그림에 표기된 6속성으로 과감하게 시도해보도록 하자. 아마 당구의 매력에 더 푹 빠져들 것이다.

굴려치기나 끌어치기 투바운딩 기술은 1목적구를 맞고 수구가 원쿠션을 향해 빠르게 들어가면 안된다. 쿠션의 반발이 들어온 수구의 속도에 맞게 튕겨내기 때문이다. 그렇게 되면 전진력이나 끌리는 회전량이 아무리 많아도 투바운딩은 절대 이룰 수 없다.

빠르게 굴려치기나 끌어치기나 유심히 보면 바로 앞을 향해 가거나 바로 끌리지 않는다. (그림3 참고) 항상 짧은 순간 잠시 포물선을 그리는 영역이 있는데 그 정점에 1쿠션이 닿도록 하는 것이 핵심이다.

● 그림3

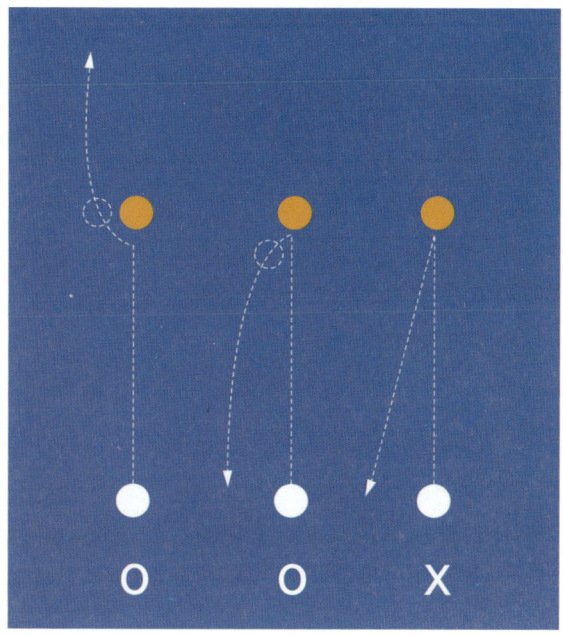

37

키스 피하기 Ⅰ

긴각돌려치기

이 글을 읽는 독자들에게 "어떤 초이스에서 가격을 했을 때 수구의 진로는 물론, 1목적구의 진로를 유심히 생각하고 구사하는가?"를 묻고 싶다.

'1목적구의 진로를 신경 쓰는지' 여부도 고수와 하수를 구분하는 기준 중 하나다. 고수는 1목적구의 진로를 항상 신중하게 바라보는 습관이 있다. 1목적구의 진로 때문에 초이스를 변경하는 사례가 생길 수도 있기 때문이다. 이는 매우 중요한 부분이다. 일부러라도 1목적구의 진로를 관찰하는 연습을 하도록 하자.

키스 피하는 요령은 이론적으로는 간단하다. 1목적구가 먼저 지나가거나, 수구가 먼저 지나가면 된다. 이를 위해선 '어떻게 6속성을 설정해야 하는가?'가 답이다.

예를 들어 〈그림1〉 같은 경우는 내공이 먼저 진행돼야 함으로 6속성 중 스트로크 부분에서 '깊게 밀어치기'를 구사해야 한다. 만일 끊어 쳤을 경우 1목적구가 타격을 받아 순간 스피드가 발생하게 되고 반대로 내 수구는 1목적구에 충격량이 상당수 뺏겨서 공의 밀림현상과 함께 슬로우로 진행하게 된다.

그렇게 되면 검정 영역에서 키스가 날 확률이 높아지게 된다. 따라서 수구의 진행을 빠르게 하기 위해 밀어주는 것이다. 단, 밀어줌으로 발생하는 각의 변화는 본인이 컨트롤해야 한다.

〈그림2〉와 같은 경우는 적구가 먼저 진행되고, 그 뒤를 내가 진행해야 키스가 빠지는 유형이다. 이는 앞서 말한 것과는 반대로 평범하게 밀어치게 되면 수구가 빨라져서 A지점에서 키스가 나게 되어 있다. 따라서 이런 유형은 수구의 진행에 약간의 간격을 주고 반대로 1목적구에는 스피드를 주기 위해 끊어치기 타법을 사용해야 한다.

끊어치게 되면 맞는 1목적구는 충격량이 많아져 순간 스피드가 빨라지게 되고, 반대로 끊었기 때문에 수구는 충격량이 1목적구에 상당량 뺏기게 돼 진행이 느려지게 때문이다.

〈그림 3〉과 같이 구석과 연결하는 하나의 기준선을 갖고 적구의 위치에 따라 6속성의 변화를 주면 된다.

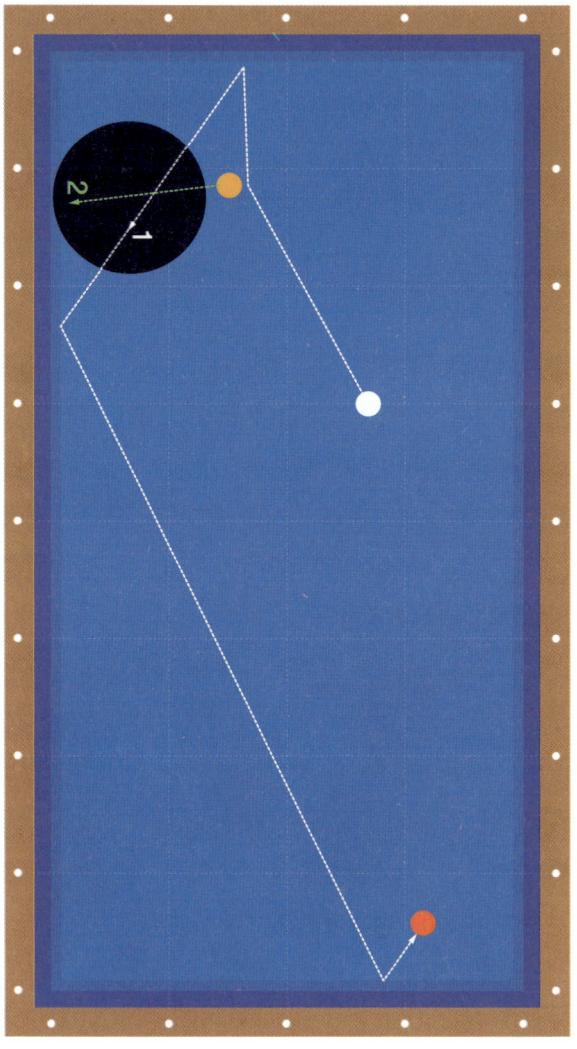

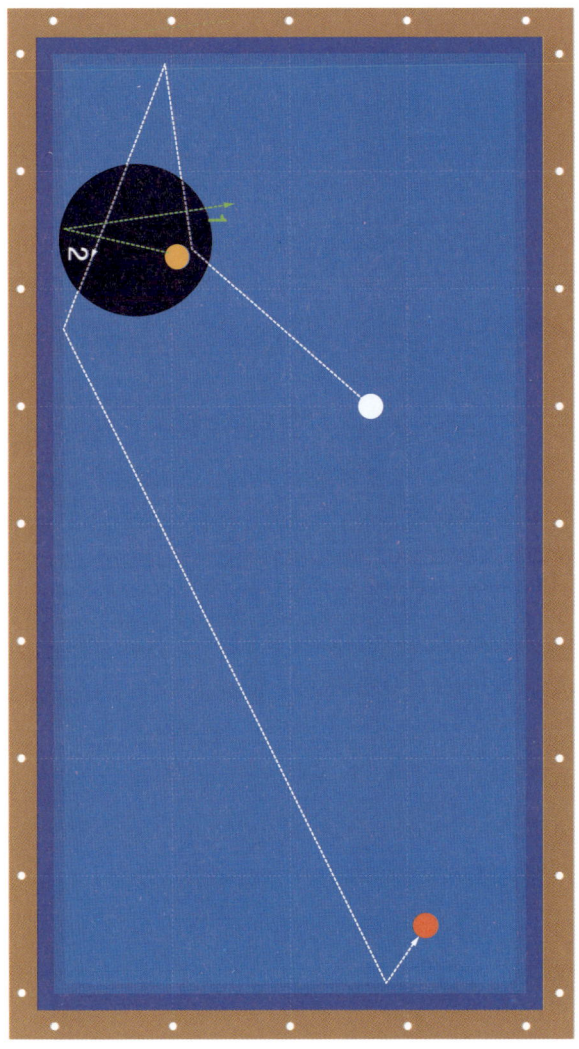

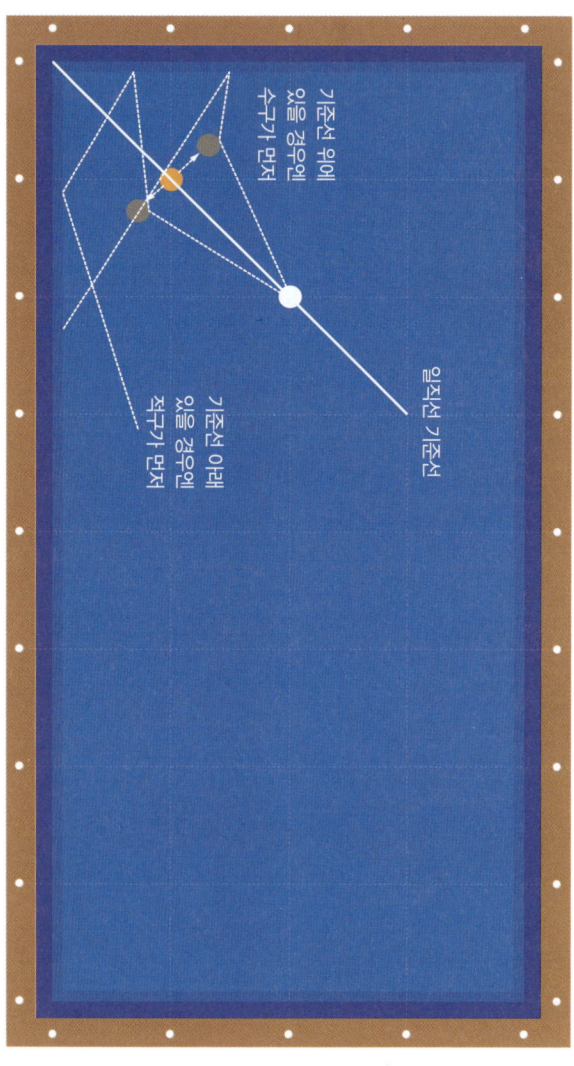

● 그림3

기준선 위에
있을 경우엔
수구가 먼저

일직선 기준선

기준선 아래
있을 경우엔
적구가 먼저

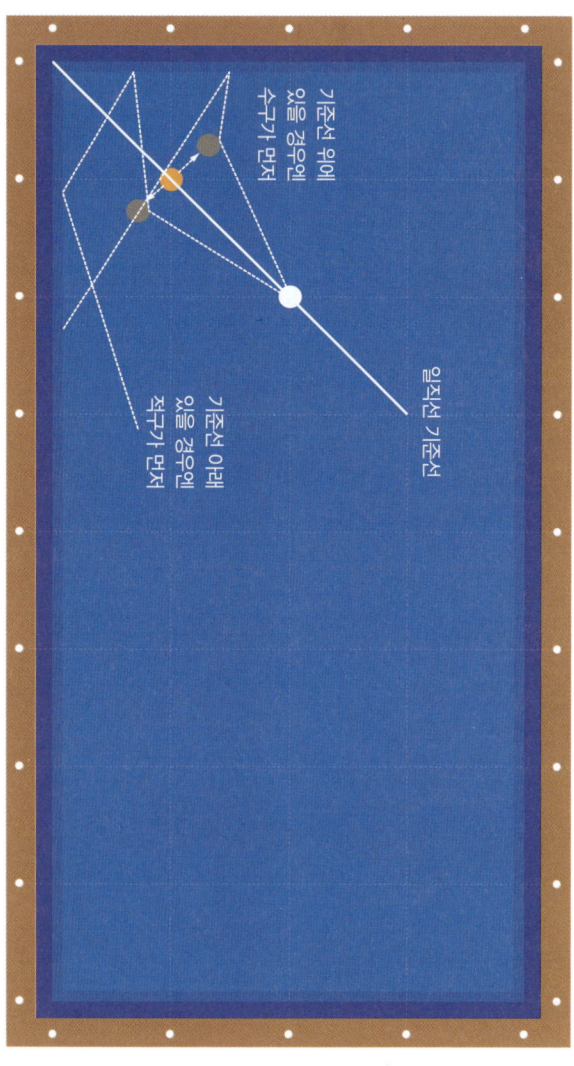

38

키스 피하기 II

바깥돌려치기1

'바깥돌려치기'는 누구나 쉽다고 생각하는 초이스다. 하지만 키스가 많이 발생하는 유형 중 하나다. 1목적구와 수구가 교차되는 횟수가 다른 어느 초이스보다 많기 때문이다. 따라서 교차되는 부분을 의식하고 1목적구를 콘트롤해야 한다.

〈그림〉과 같은 유형의 바깥돌리기는 마치 '긴각돌려치기 키스피하기' 유형처럼 수구의 진로와는 전혀 상관없는 코너 쪽으로 밀어 넣고 나머지 공간을 내공이 지나가게 하는 설정이다. 이를 위해 6속성 중 가장 중요한 것은 두께다.

두께 설정이 이루어지고, 그 다음 2목적구를 맞추러 가는 나머지 속성을 설정하면 되는 것이다.

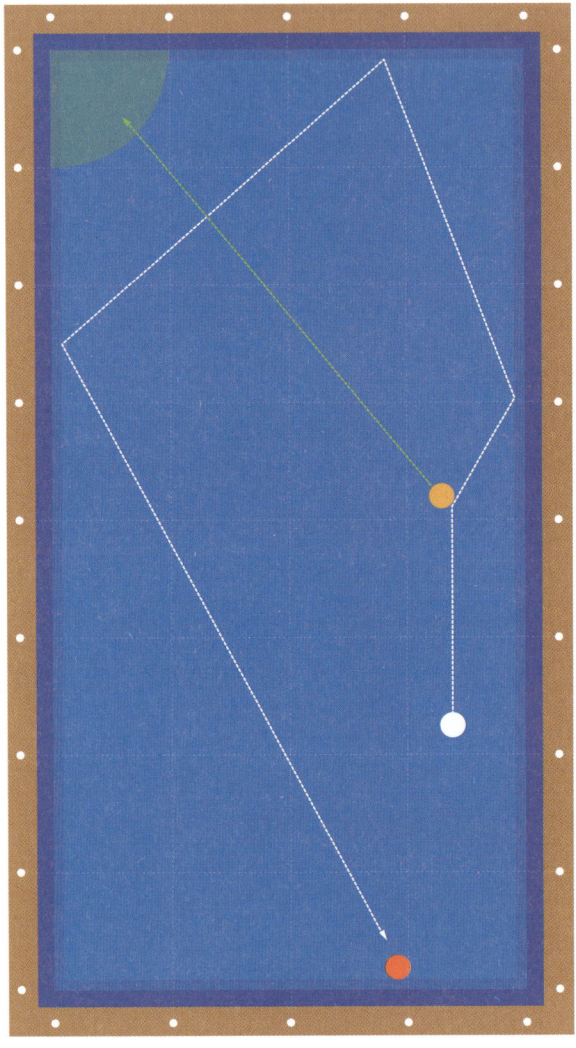

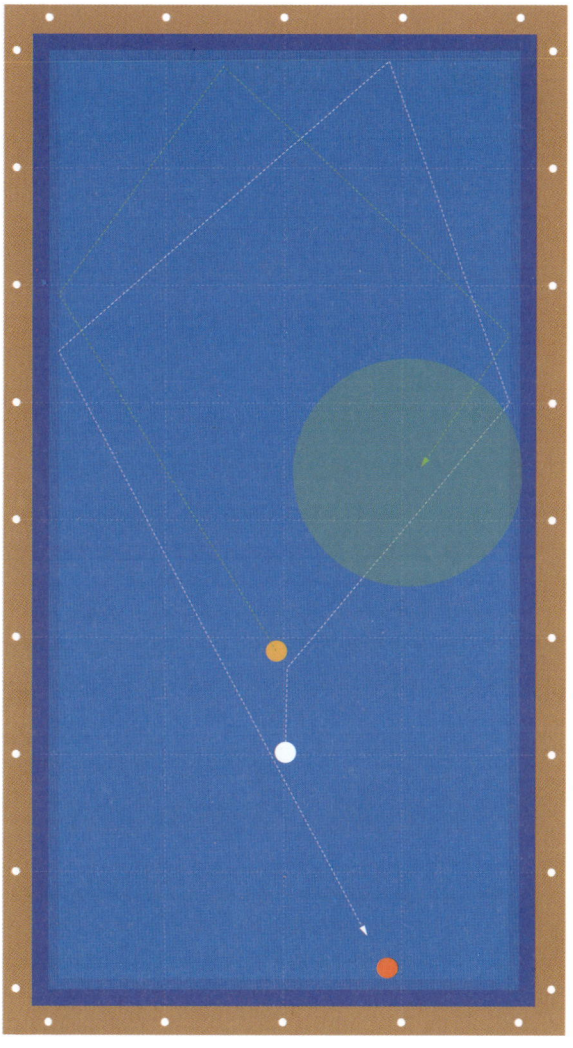

39

바깥돌려치기2

앞서 말한 유형은 1목적구를 코너로 보낼 수 있었지만 이번 유형은 곤란한 상황이다. 이런 경우 1목적구를 2목적구와 키스가 나지 않는 범위 내로 두툼하게 가격해 시간차를 형성시켜야 한다. 그 다음 나머지 5가지 속성을 설정하는 것이다.

이런 경우는 2차 교차로에서 키스가 나기도 하는데, 완벽하게 키스를 제거하려면 두툼하게 팔로우 밀어치기를 구사하면 해결된다.

Tip

너무 심하게 두꺼우면 1목적구가 2목적구와 키스가 날 수 있다. 따라서 하단에 있는 2목적구와 키스나지 않을 최대한 두께. 바로 그 두께가 가장 이상적인 두께인 것이 중요하다.

● 그림1

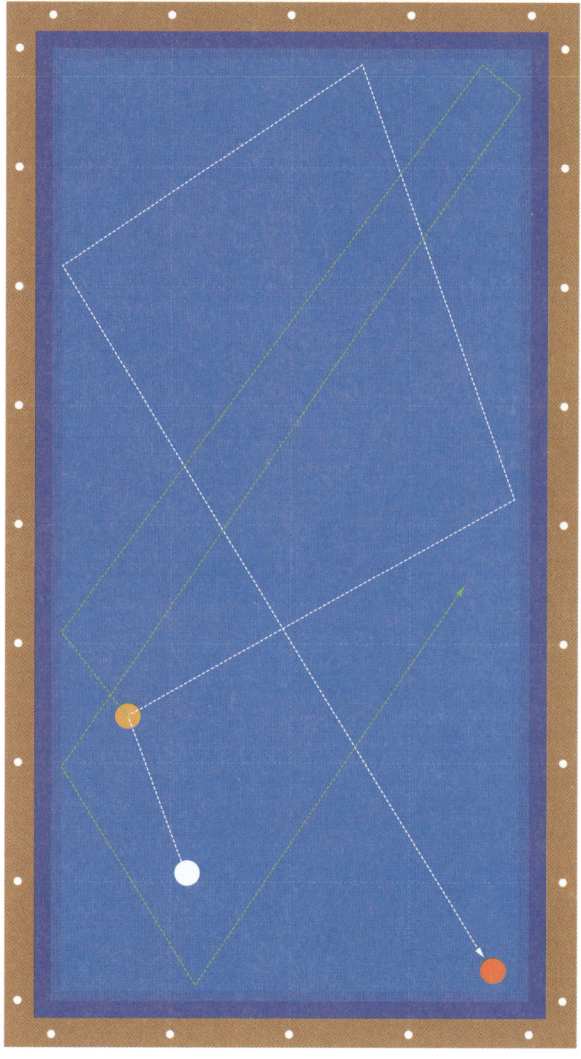

163

적구를 얇게 구사하는 방법이다. 1목적구를 천천히 진행시키고 수구는 빠르게 진행시키는 방법이며 또는 얇게 끌어쳐서 키스 영역을 벗어나게 하는 방법이다.

　이런 유형을 어느 정도 고점자는 알고 있을 텐데, '얇게 구사해야 한다'는 강박으로 오히려 편안히 밀어치지 못하고 경직된 자세에서 본인도 모르게 끊어쳐 키스를 유발시키는 경우가 대부분이다. 따라서 '얇게 구사하되 부드럽게 밀어치기'는 타법을 구사하면 키스를 해결할 수 있다.

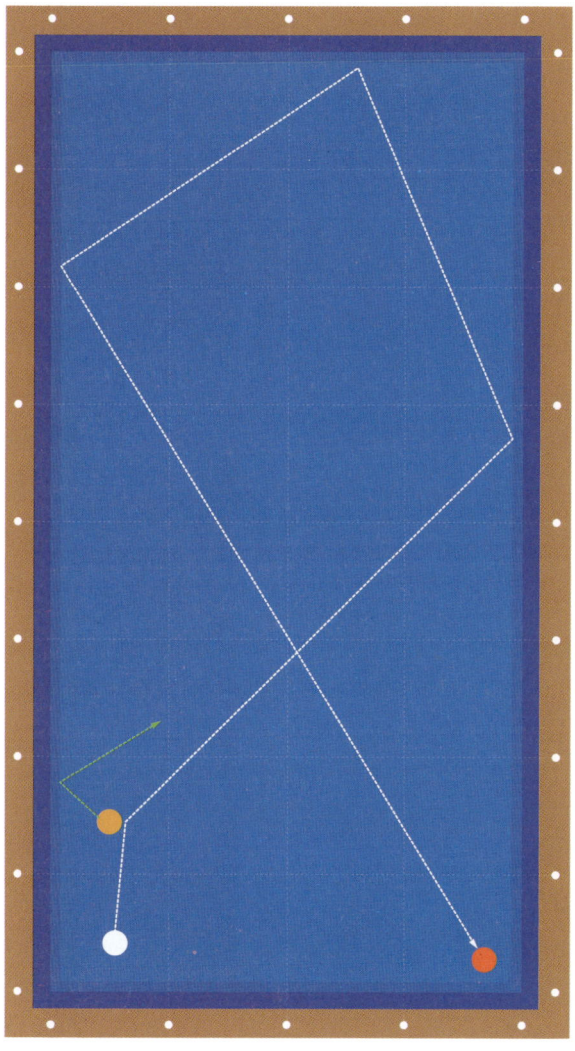

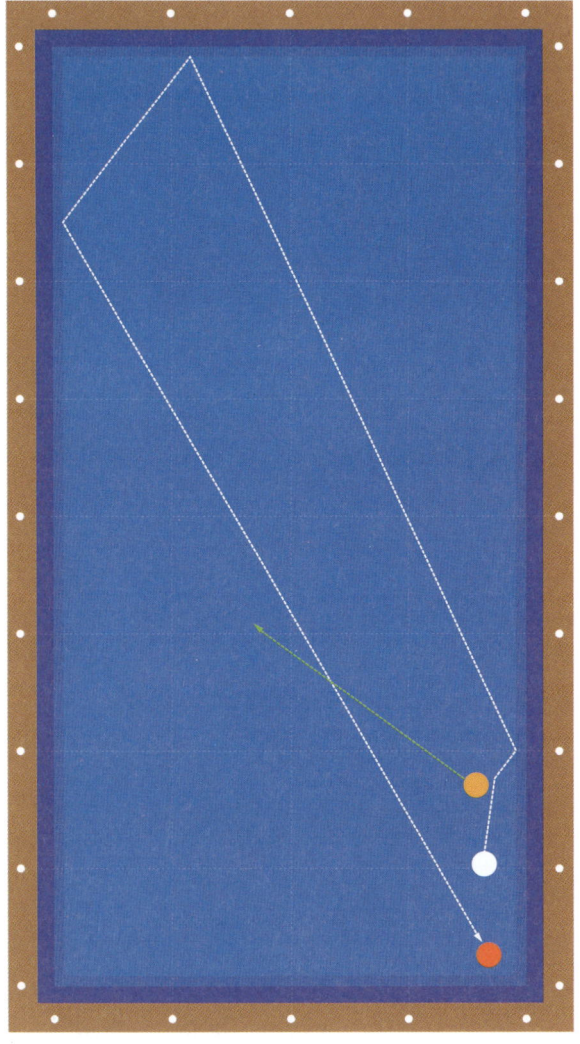

300 당구의 완성, 고수의 자세

Lesson

41

키스 피하기 V

제각돌리기 대회전

선수들이 가장 싫어하는 초이스 중 하나다. 이유는 단 하나, '키스' 때문이다.

대회전은 아무리 고수라도 키스를 예측하기 힘들다. 교차로가 많은 만큼 키스가 날 확률도 많기 때문이다. 하지만 이것도 조금만 생각하면 그렇게 어렵지 않다. 중요한 시합에서 멘탈이 약해지면서 실수하는 것이다. 따라서 웬만한 선수들은 컨디션이 좋을 때는 실상 실수를 많이 하지 않는다.

부드럽게 굴려치는 타법으로 큐를 넣어주면 적구가 오기 전 내 수구가 먼저 진행하게 된다. 〈그림1〉

반대로 〈그림2〉와 같은 경우는 1목적구를 먼저 지나가게 해야 함으로 부드럽게 밀어치는 타법은 위험하다. 간결히 스피드있게 던져 쳐주면 타격을 받아 적구의 진행이 빨라진다.

단, 이런 유형은 1목적구를 두껍게 겨냥하게 돼 충격의 상당

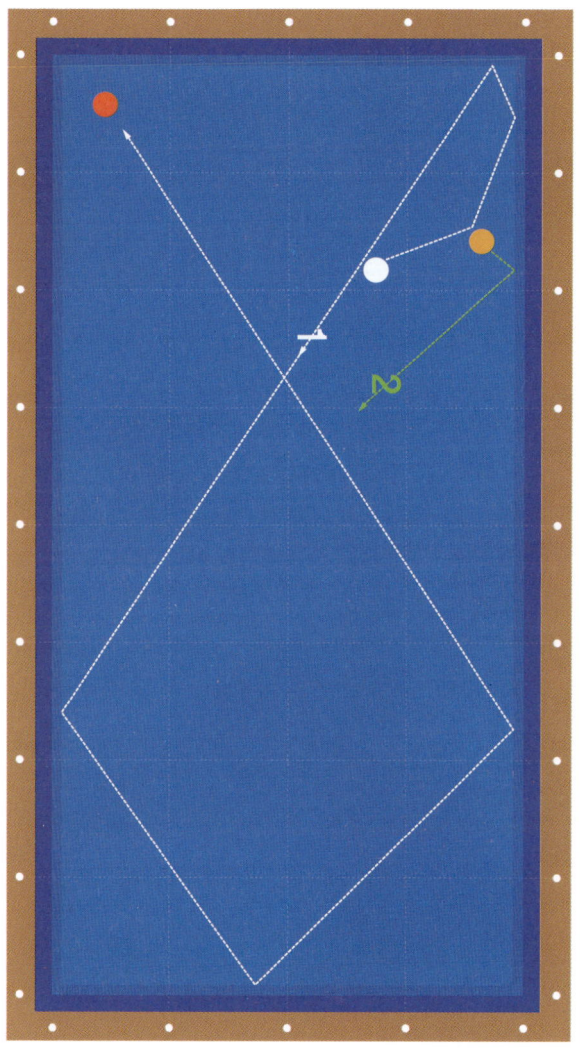

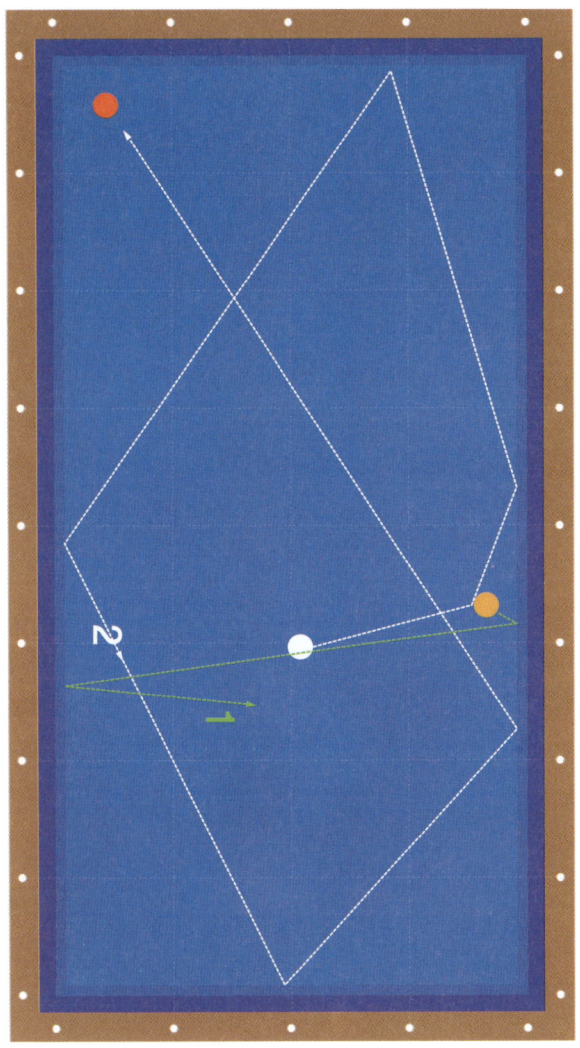

량을 1목적구에 뺏기게 된다. 이로 인해 대회전이 온전히 이뤄지지 않고 2목적구 근처에서 '비실비실' 멈춰서는 경우가 종종 있다. 따라서 절대로 큐를 '끊어' 쳐서는 안된다. '던져' 쳐야 한다.

42

키스 피하기 Ⅵ

바깥돌리기 대회전

바깥돌리기 대회전도 제각돌리기 대회전과 같다. 유형만 다를 뿐이다. 따라서 원리적인 설명은 접고 6속성으로 표현하고자 한다.

〈그림1〉은 수구의 진행을 슬로우로 보내고 1적구가 빨리 가야 함으로 근본적으로 두껍게 겨냥하지만 적구의 그림과 같은 진로를 의식하고 두께를 설정하는 게 좋다. 수구의 진행이 '슬로우'임으로 등가속도 샷을 적용해 쿠션을 탈수록 회전력으로 인해 속도가 증가하도록 하는 것이 핵심이다.

〈그림2〉와 같은 상황은 수구의 진행을 빠르게 해 먼저 키스 지역을 벗어난 뒤, 2목적구에 도달하는 경우다. 이런 경우 등가속도 스트로크를 구사하는 것이 바람직하다.

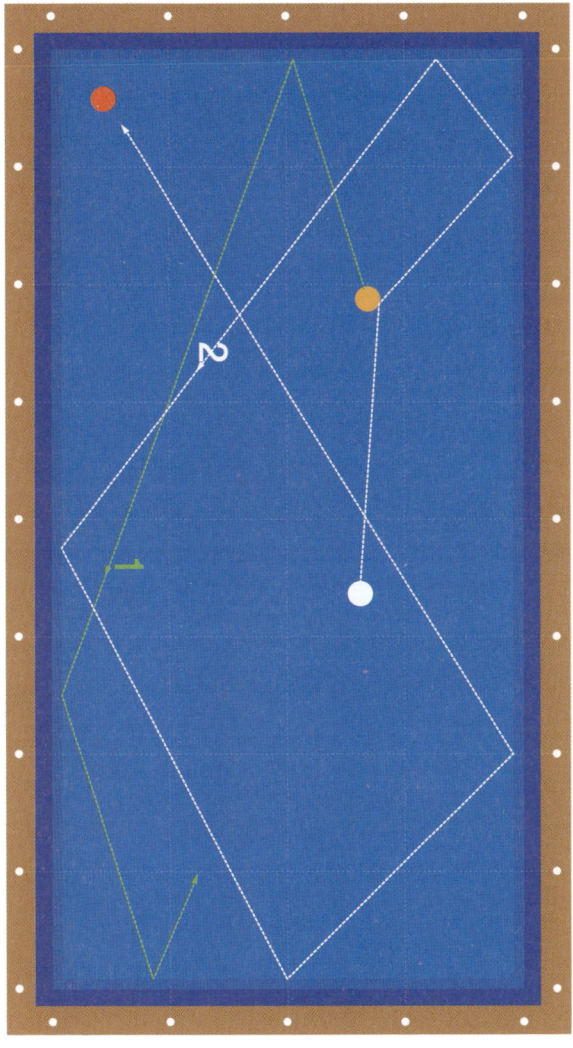

● 그림2

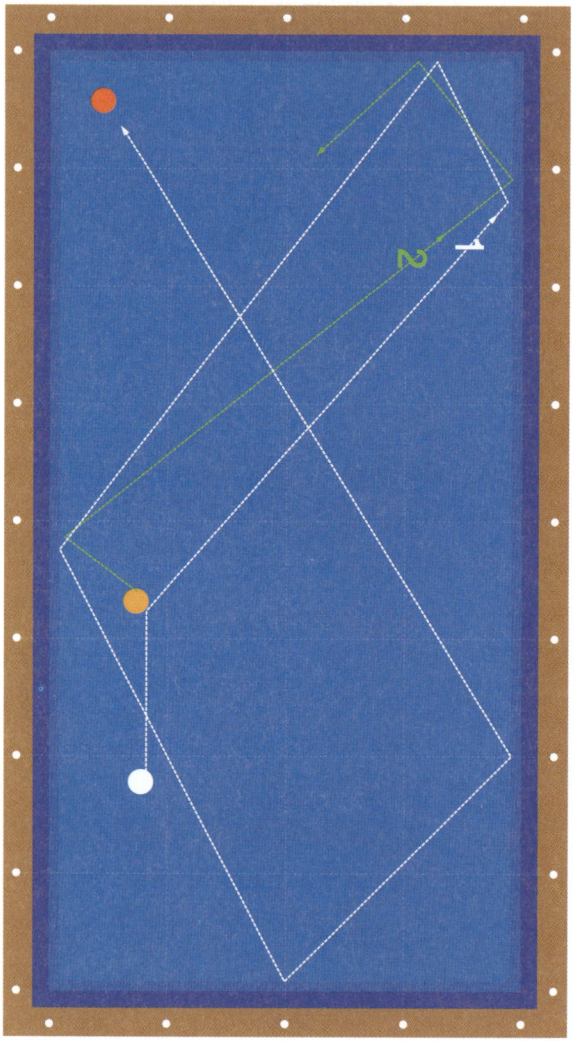

43

제각돌리기 키스 피하기

〈그림1〉과 같은 제각돌리기에서는 A지점에서 흔히 키스가 발생한다. 키스를 피하기 위해서는 1목적구를 먼저 보내는 유형과 수구가 먼저 지나가는 유형이 있는데, 〈그림1〉과 같은 경우는 수구가 먼저 지나가는 유형이다. 1목적구가 어디에 멈춰서는지도 관심거리다.

　〈그림2〉는 적구가 먼저 지나가는 경우다.

　결국 키스를 피하는 요령의 핵심은 1목적구를 '어디로 보내느냐'와 수구의 '스피드를 어떻게 할 것이냐' 컨트롤하는 것이다.

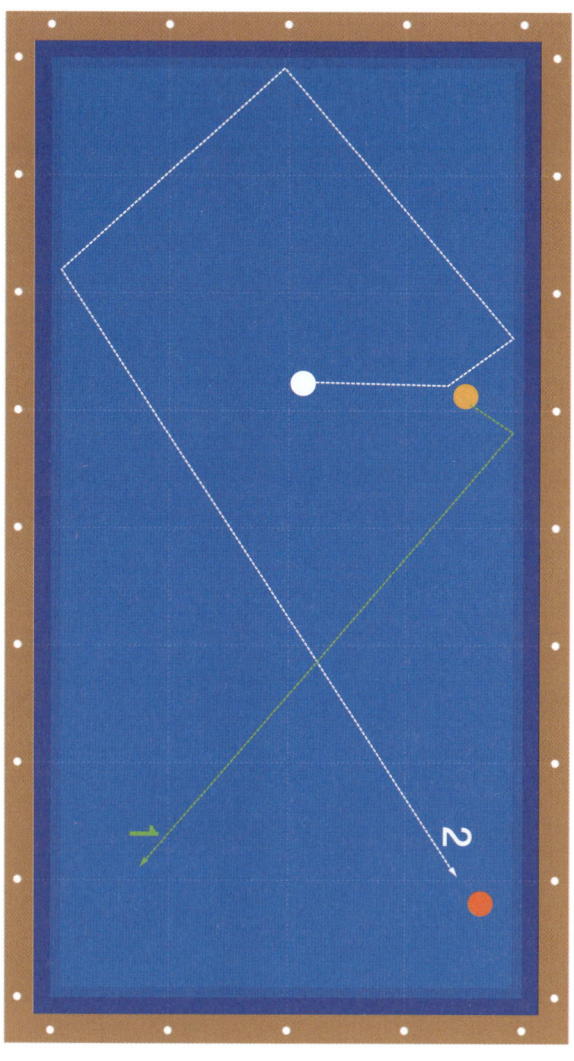

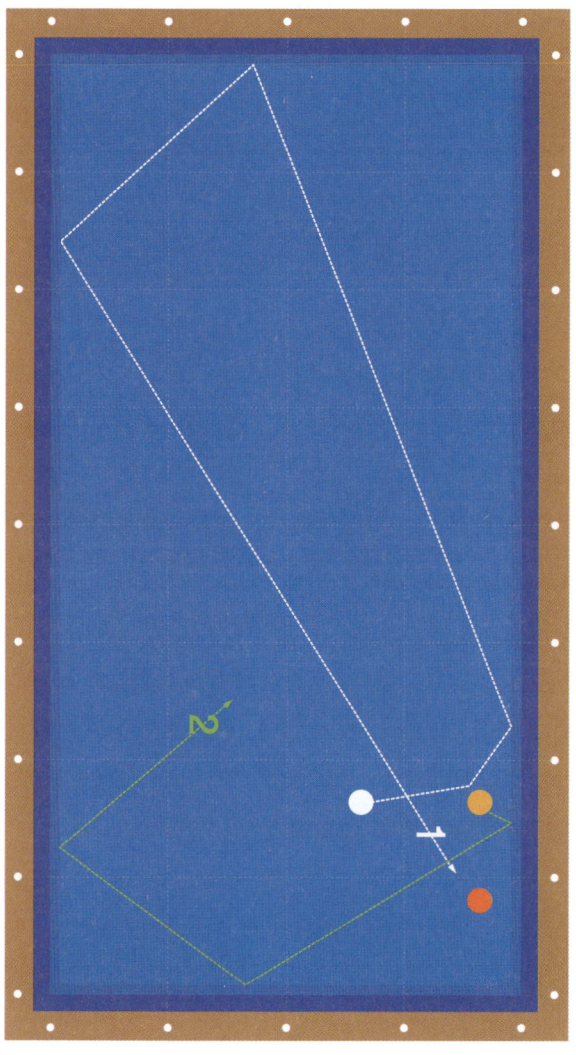

44

극회전 치기

꼬미

일명 '꼬미'로 알려진 극회전치기는 소위 '촉'이 총동원돼야 한다. 구력과 경험 그리고 감각과 자신감 등이 모든 것이 만들어 내는 초이스다.

기본적으로 끌어치기와 굴려치기에 대해 자신있는 촉이 중요하다. 그리고 본인만의 기준이 있어야 가능하다 무조건 회전주고 끌어친다고 되는 것도, 굴려친다고 되는 것도 아니다.

큐의 깊이 즉, 스피드도 중요하다. 한마디로 '포스'있는 샷인데 이런 극회전 치기도 요령이 있다. 하지만 이것은 저자의 기준임으로 정답이라고 볼 수는 없으니 연습 후 본인의 취향에 맞게 응용하거나 바꿔도 무방하다.

첫째, 1목적구를 항상 일정한 두께(95% 내외)로 친다.

둘째, 2목적구가 있는 위치에 따라 중단을 기준으로 상하로 약간의 이동만 준다.

셋째, 회전양도 항상 3팁을 준다.

넷째, 스피드는 가급적 빠르기로 하되 체공거리가 긴 경우 아주 빠르게도 사용한다.

다섯째, 스트로크는 간결히 밀어치기를 구사한다.

이렇게 설정하는 이유는 당점의 약간변화만 있지 나머지는 대부분 항상 같다. 그렇게 되면 실수할 확률도 적지만, 내공이 어디로 갈지 기준이 잡히기 때문이다. 그리고 극회전치기를 구사하게 되는 유형은 대부분 뻔하기 때문에 치기는 힘든 듯 하나, 거의 암기가 가능할 정도로 단조로운 유형이 플레이어한테는 장점으로 작용된다. 꼬미의 유형을 〈그림1〉으로 살펴보자

극회전치기는 쿠션을 돌면 돌 수록 회전으로 엄청난 예각을 형성하게 된다. 이런 예각은 2목적구를 맞추는 강력한 방수를 갖게 된다. 〈그림1〉 단, 주의할 점은 극회전치기에 맛을 들이면 다른 유형의 평범한 공들도 두껍게 회전을 걸어치는 습관이 생겨서 매우 안좋은 습관이 생기기 쉽다. 정말 유의해야할 점이니 꼭 명심하도록 하자.

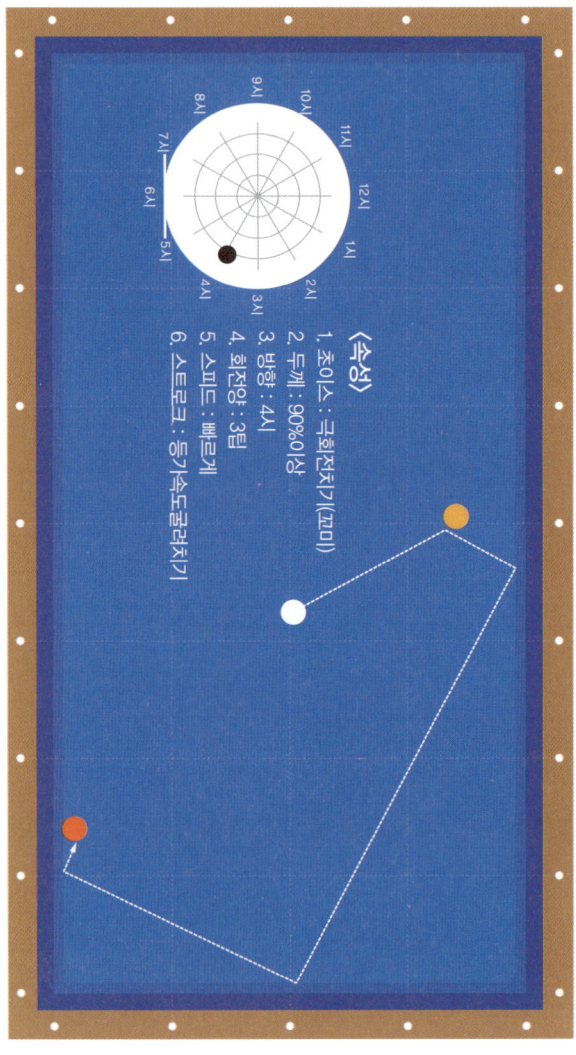

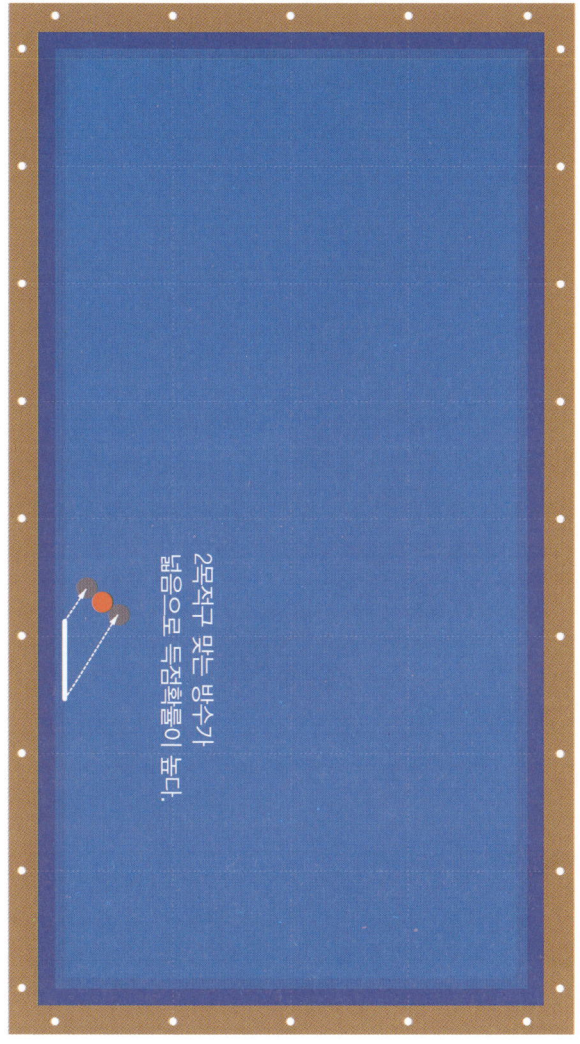

2쿠션 맞는 방수가
낮음으로 득점확률이 높다.

45

빠르고 간결하게

보통 동호인들이 흔히 구사하는 초이스가 아니라서 낯설 수 있지만 300점을 넘어서기 위해선 꼭 흡수해야 할 초이스다.

〈그림〉과 같은 경우 이러지도 저러지도 못하는 경우가 있고 안으로 어떻게 해볼까? 하는 창의적인 발상은 하나 요령을 몰라 구사는 시도해도 실패로 끝나는 경우가 많다.

이런 경우는 두께는 1/2, 당점 6시, 회전량 2~3팁, 스피드 빠르게, 스트로크 간결히 밀어치기이다. 멋지게 안에서 해결되는 그림을 보게 될 것이다.

> **Tip**
>
> 안쪽 더블치기는 팁의 양에 따라 아래로 내려오는 정도를 조절할 수 있고 반듯이 큐의 직진이 중요하니 곧게 뻗는 자세를 꼭 갖추도록 하자. 그리고 밀어칠때는 1쿠션에서 맞고 공을 튕겨낸다는 느낌으로 치도록 한다.

● 그림

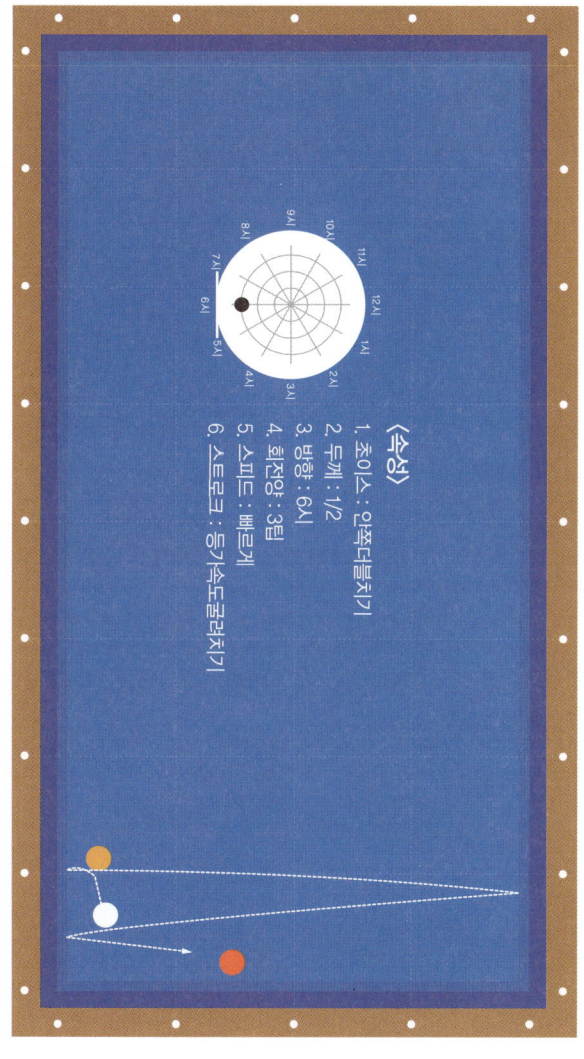

〈속성〉
1. 초이스 : 안쪽더블치기
2. 두께 : 1/2
3. 방향 : 6시
4. 회전양 : 3팁
5. 스피드 : 빠르게
6. 스트로크 : 등가속굴려치기

46

디펜스 I

'바깥돌리기' 포지션

이 장부터는 '고수'하면 떠오르는 상징적 단어, '포지션'과 '디펜스' 플레이다. 수많은 유형을 다룰 순 없고 흔히 발생되는 대표적인 유형을 살펴보도록 한다.

〈그림1〉과 같은 상황에서 〈그림2〉처럼 해결해 득점에 성공할 경우, 다음 득점이 용이한 뒤돌려치기 배치가 된다.

반면 득점에 실패한다면 역시 상대공에게 쉽게 기회를 내주지 않는 수비 형태가 된다.

● 그림1

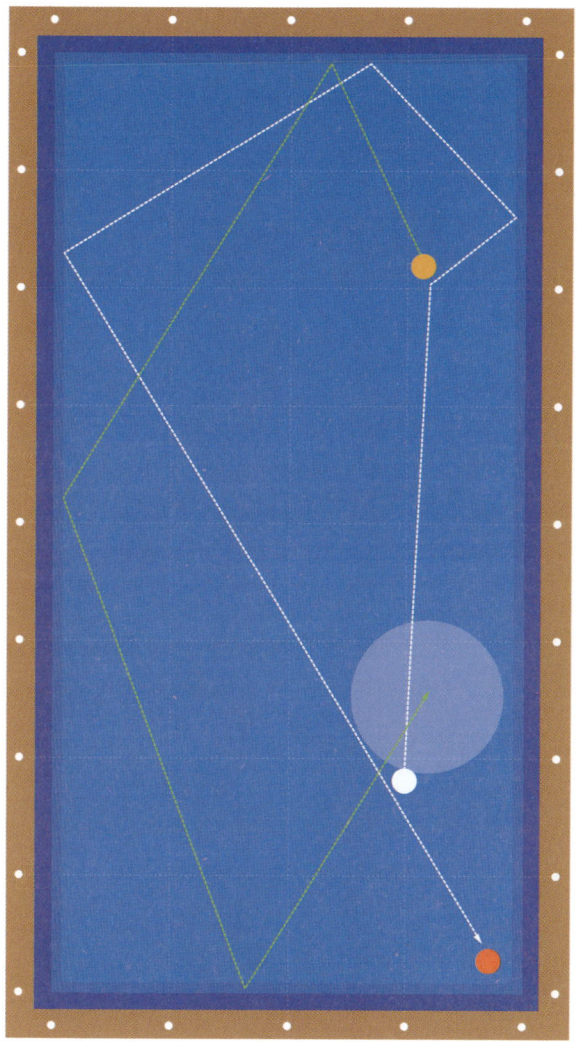

● 그림2

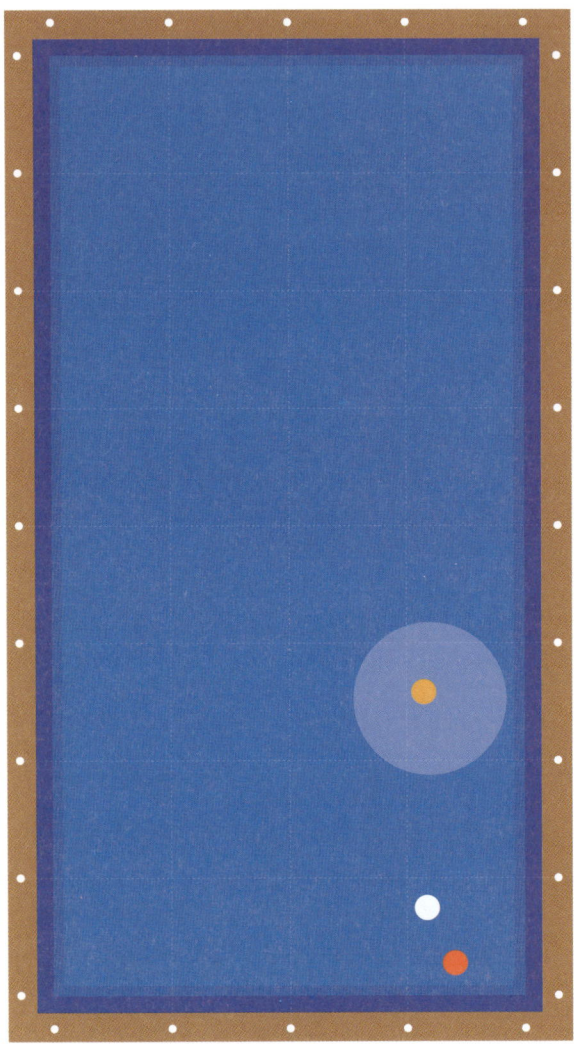

47

디펜스 II

'제각돌리기' 포지션

제각돌리기는 1/2의 두께에서 큰 변화를 주지 않는 것이 득점 확률을 높일 수 있으나 포지션을 생각하게 되면 두께의 변화가 생기게 된다. 이럴 때 집중해 실수하지 않도록 하는 것이 실력이다.

〈그림1〉과 같은 상황에서 그림의 진로로 해결하였을 경우, 〈그림2〉와 같이 다음 공격배치가 순조롭게 돼 있는 것을 알 수 있다.

반대로 역시 득점에 성공하지 못했을 경우엔 상대로 하여금 수비형태가 된다.

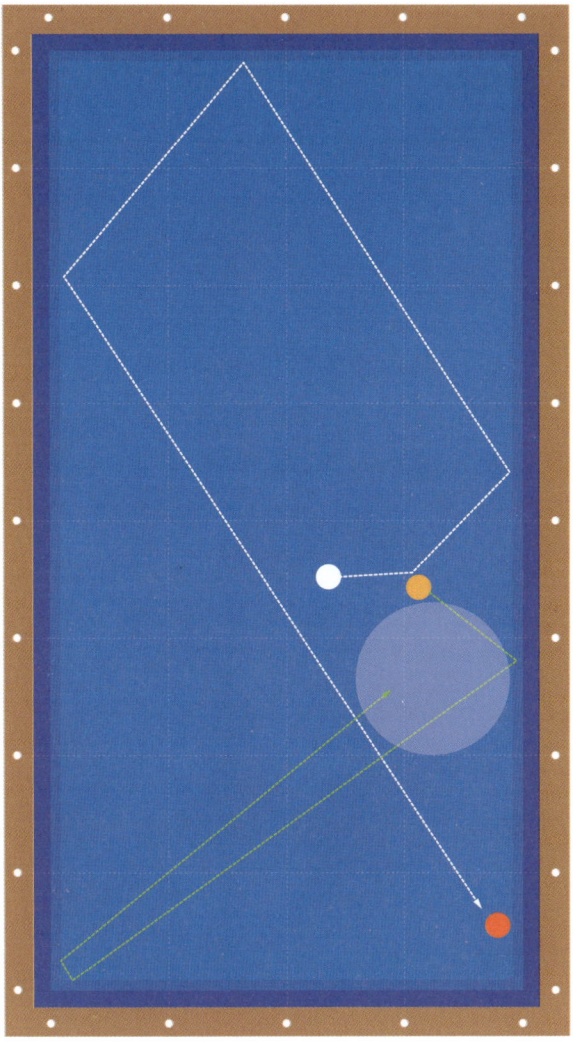

● 그림2

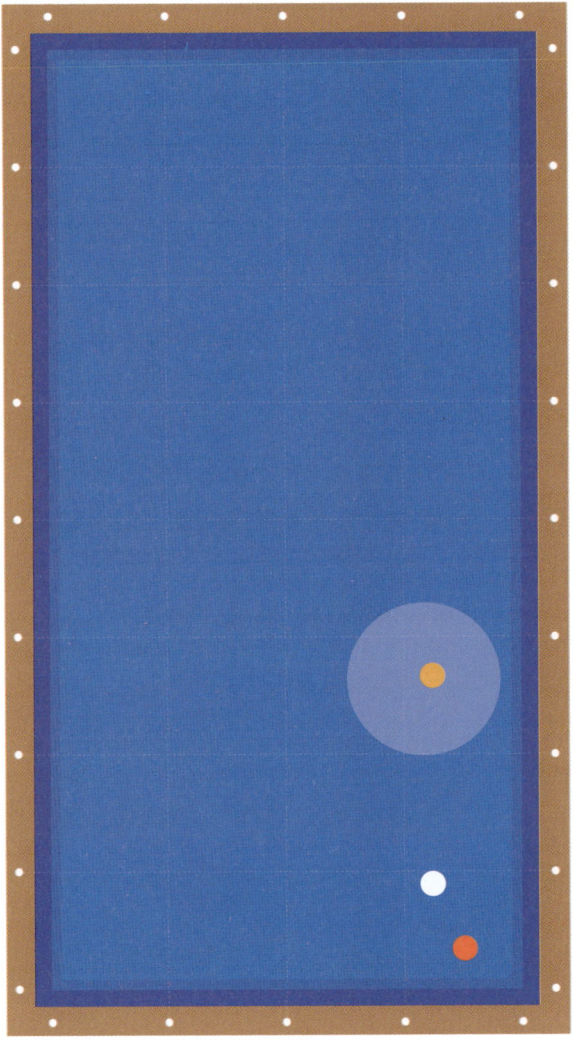

48

'긴각안으로돌리기' 포지션

'긴각돌리기'는 포지션도 좋지만 디펜스 플레이로 더욱 유용하다는 것을 참고하자.

〈그림1〉과 같은 상황에서 1적구를 적절히 그림과 같은 코스로 보내는 두께를 설정해 성공했다면 〈그림2〉와 같이 포지션과 디펜스가 함께 어울리는 상황을 연출할 수 있다. 따라서 '긴각안으로돌리기'는 사실 포지션이 문제지 디펜스는 일단 해결됐다고 보면 된다.

단, 너무 강하게 쳐서 수구나 2적구가 위로 올라가지 않도록 주의하자.

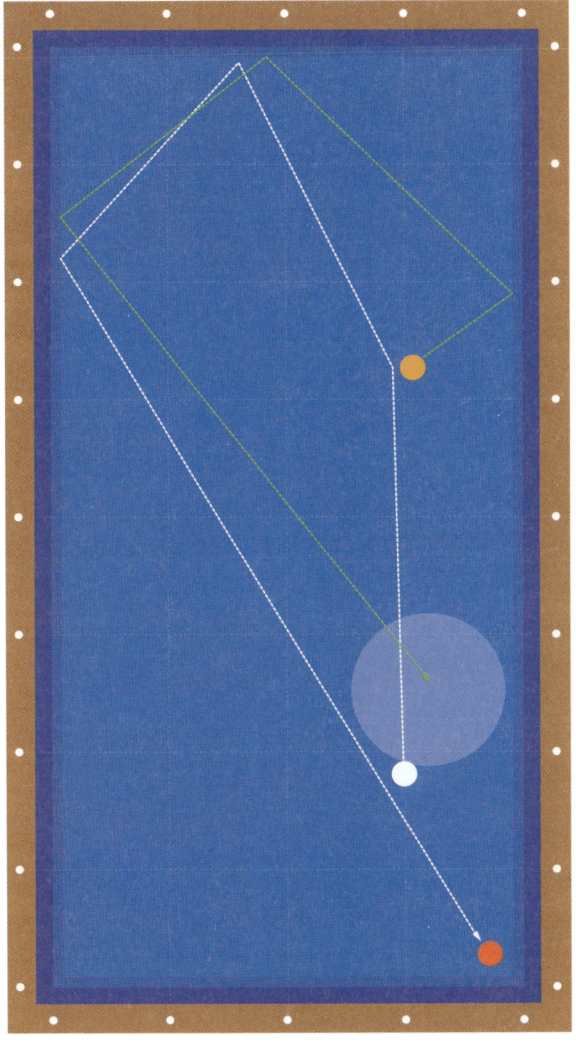

● 그림2

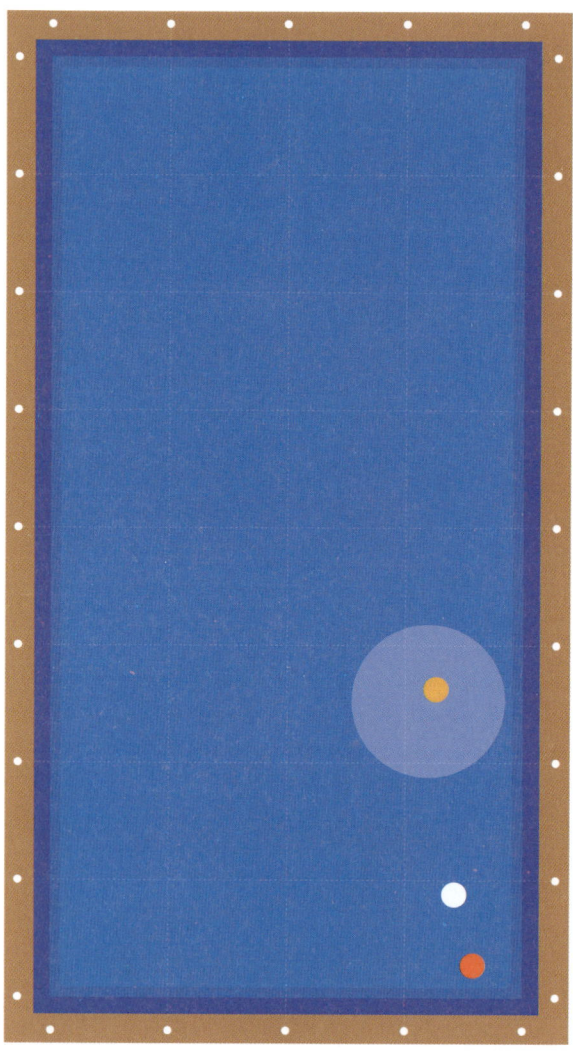

49

디펜스 Ⅳ

'긴각바깥돌려치기'
포지션

'긴각돌려치기'는 성공하면 공이 어느 곳에 위치하든 포지션
과 디펜스가 동시에 잡히는 중요한 초이스다. 따라서 꼭 성공
할 수 있도록 그 어떤 초이스보다 더 신중하게 구사해야 한다.

〈그림1〉과 같은 상황에서 진로와 같이 득점이 해결되면 〈그
림2〉 형태의 쉬운 '바깥돌리기'가 갖춰진다.

반대로 득점에 실패할 경우 역시 상대로부터 수비형태가 됐
음을 알 수 있다.

단, 항상 이렇게 될 순 없다. 유심히 보면 알겠지만 소개한
몇 가지 유형은 대부분 약속이나 한 듯이 황구(상대수구)이다.
늘 이런식으로 배치되란 법은 없다. 따라서 1목적구가 적구일
경우에는 신중을 다해 성공해야 할 것이다.

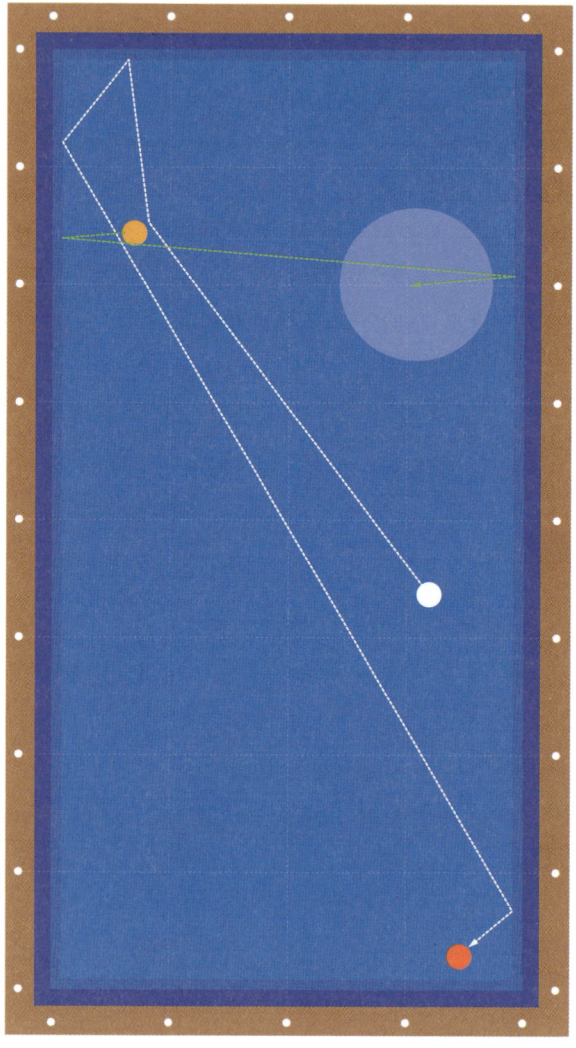

● 그림2

50

총평

잊기 쉬운 중요한 점

첫째, 아무리 쉬운공이라 하더라도 바로 허리를 숙이지 말자. 반드시 당구대를 한바퀴 또는 반대측에서 또는 측면이라도 직접가서 떨어져야하는 마지막 쿠션지점을 확인하고 수구에서 최종 6속성을 점검하고 허리를 숙이도록 하자.

초이스 ▶ 두께 ▶ 당점방향 ▶ 회전량 ▶ 큐의 깊이 ▶ 스트로크

둘째, 숨쉬는 공기에 대해 중요성을 간과하듯 숨쉬는 호흡을 꼭 생각해라.

허리를 숙인 순간부터 샷을 날리는 순간은 매우짧다. 생각하는 시간이 길 뿐, 6속성의 설정이 끝나면 허리를 숙이고 샷을 날리기까지는 길어야 10초 이내다. 그 짧은 순간만큼은 호흡을 멈춰야한다. 호흡할 때 흔들리는 미동은 엄청난 미스를 유발한다는 것을 모르는 사람이 많다.

마지막으로 너무 심한 표현일지 모르지만 당구는 명상과 깨달음의 수련이다.

**허리를 숙인 순간부터
샷이 종료되기까지
무호흡상태 유지**

상대가 많은 점수로 앞서가고 있다고 게임을 포기해서는 안된다. 내가 많은 점수로 앞지르고 있다고해 태만해서는 더더욱 안된다.

많은 점수로 밀리고 있을땐 이번샷에 하이런을 기록해 코앞까지 따라갈수 있다는 긍정적인 자신감으로 집중해야한다. 또한 많이 앞서가고 있을때는 상대가 다음샷에 하이런을 기록할지도 모른다는 긴장감을 놓치지 말고 최선을 다하는 눈빛이 중요하다. 간혹 선수라 할지라도 마지막 1점을 몇이닝이 지나도록 털지 못하고 지는 경우가 바로 이런 멘탈 무장이 덜되서 그런 것이다.

당구란 자연현상을 한치도 역행하지 않는 솔직한 게임이다.

비행기가 고도를 타는 순간 요동없는 순항을 하듯 놓여진 테이블컨디션의 상황을 빨리 캐치해 내가 잡은 기준과 빨리 일치시키느냐가 승패를 좌우한다. 소위 앞장에서 말한 영점조정인데, 영점조정이 일찍되는 선수가 당연히 점수를 빠르게 앞서갈 것이다.

끝없이 펼쳐진 평(平)지에 말랑말랑한 쿠션 벽을 만들어놓고 구(球)에 변화를 주어 최대한 자연의 법칙에 순응해 나의 의도를 펼쳐나가는 게임!

똑같은 상황이 단 한번도 있을 수 없는 변화무쌍한 당구(撞球)란 정말 매력 넘치는 게임이다.

고 점 자 가
되 기 위 한
심 화 · 응 용
Tip 20 Section⁺

공은 둥글다. 그리고 무게가 있다. '큐'로 공을 '툭' 치면, 그 공이 임팩트 순간부터 굴러다니기 시작한다. 굴러다니는 지면은 대리석을 덮은 라사천이고 꽤 반들반들하고 매끈하다. 또한 구르다 부딪히는 벽(쿠션)은 생고무가 함유된 말랑말랑한 쿠션으로 되어 있고 역시 같은 천으로 탄력있게 당겨져 감싸있다. 그 벽에 그 공이 부딪쳐 튕겨 다니며 회전이 감속되기도 한다.

우리는 당구를 접할 때 표면만 느끼고 대하는 건 아닌가 싶다. 내면을 좀 더 들여다보면 공을 대하는 태도가 달라질 수 있다. 그리고 그런 마인드에서 공을 굴리는 한샷 한샷은 곧바로 실력으로 이어진다. 수학 과목을 예로 들면 미친 듯이 공식만 외운 학생은 패턴 문제는 곧잘 풀지 모르겠으나 응용문제에는 '턱!'하니 막혀 고민을 하다가 시험을 망칠 것이다. 하지만 공식이 나오게 된 개념을 이해한 학생은 그와 비롯된 응용문제를 만났을 때 어렵지 않게 헤쳐 나갈 것이다. 당구도 같다. 맹목적으로 유명한 프로한테 다가가 레슨을 받으면 곧잘 실력이 늘 것으로 아는데 정답이 아닐 수도 있다는 것이다. 누구한테 배우느냐가 중요한 게 아니고 어떻게 배우느냐가 중요하다.

본 섹션은 본질적인 개념과 이해를 포함해 설명했다. 아마 심사숙고하게 내용을 대한다면 스스로 강해지는 응용력 넘치는 선수가 될 것을 의심하지 않는다.

_ 〈저자 주〉

01

구름과 회전의 이해
'돈다'와 '구른다'

공의 회전은 좌우 횡으로 뱅글뱅글 돌 때 '돈다'라고 표현한다. 그 회전이 좌우가 아닌 위아래로 바뀌게 되면 쓰는 표현은 '구른다'다. 앞으로 돌든, 좌우로 돌든 지면에 회전이란 것의 영향이 어느 정도 좌우되느냐에 따라 공의 움직이는 형태가 달라진다.

좌우로는 전혀 안돌고 오직 앞으로만 구를 때 '회전이 없이 그냥 구른다', 약간 사선의 모양을 띠고 앞으로 구르면 '회전양이 적네~'라고 표현한다. 전진력은 없이 팽이돌 듯이 뱅글뱅글 돌기만 하면서 천천히 앞으로 갈 때 표현하는 말은 '회전이 엄청난데 구름이 없네~'다.

공을 칠 때 당점이 무수히 많다. 수십 수백 수천 가지... 그이상이기도 하다. 우리가 흔히 쓰는 당점이 몇 가지라고 생각하는가? 시계방향 정도로 12단계 나누고 공의 중심으로부터 약간씩(대략 5mm 내외) 이동할 때마다 회전량을 1팁, 2팁, 3팁 이란 표현을 쓰자. 한가운데인 무회전을 빼고 각 시간마다 3가지의 팁이 있으니 3×12=36가지다. 쉽게 말해 기본 당점이 무회전을 포함해 총 37가지인 것이다.

사실 실제 공을 치는 마니아분들은 '한시 반! 11시 50분! 맥심! 맥심!' 이런 표현도 종종 쓴다. 그런 면에선 37가지 당점은 단순화 시킨 가지수임에 분명하다. 그런데 무려 37가지가 엄청 많게 느껴지지 않은가? 여기에 맥시멈 팁과 각 시간을 반씩 쪼개는 경우의 수를 대입하면 4가지 팁 × 24개 방향= 96가지, 거기에 무회전까지 더하면 총 합이 97가지가 된다. 거의 백가지 당점을 선수도 아닌 동호인들이 다룬다는 것이다.

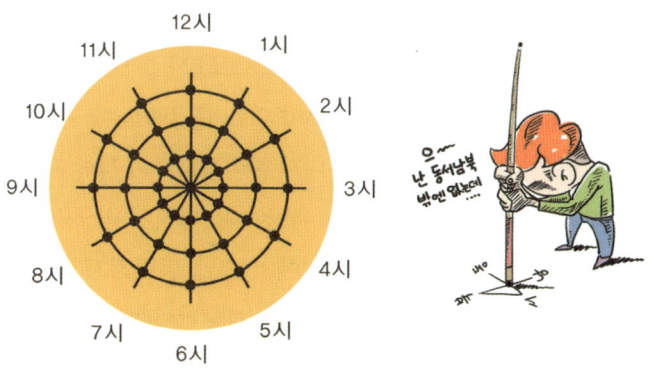

물론 말로만 그렇다. 실전에서 97가지를 다루는 동호인은 별로 없을 것이다. 다만 이런 개념을 알고 공의 당점을 초이스 하느냐 안하느냐의 마인드가 공의 구질 이해로 까지 이어진다는 것을 말하고 싶은 것이다. 회전의 양은 당점 위치도 중요하지만 큐라는 것으로 어떤 속도와 스트로크 속성으로 임팩트를 가했느냐에 따라 또다시 미궁으로 빠진다. 예를 들어 '3시 방향 3팁'을 겨냥하고 부드럽게 슬쩍 넣어 쳤다 치자. 과연 그 회전이 엄청날까? 반대로 비록 '2시 방향 2팁' 밖에 안줬지만 스트로크 자체를 짧고 빠르게 잘라 쳤다고 가정하자. 그 회전양이 아마 전자의 회전양보다 더 많을 것이다.

결국 회전의 양은 단순히 당점만 갖고 해석돼서는 안 된다. 스트로크와 함께 연관지어 생각해야 할 요소인 것이다. 여기에 또 한가지 변수가 있다. 바로 첫 번째로 도달하여 부딪치게 될 1적구와의 관계다. 이 또한 회전의 변화가 달라진다. 내가 선택한 당점과 또한 내가 선택한 스트로크, 두 가지만으로 형성되는 회전양을 '물리적인 회전양'으로 규정했을 때 1적구와 맞는 면적이 많으면 많을수록 내가 물리적으로 구사한 회전양보다 더욱 많아진다. 반면에 그 부딪치는 면적이 적으면 적을수록 물리적으로 구사한 회전양에서 크게 달라지지 않는다. 그래서 흔히 꼬미(엄청난 회전양으로 구사하는 기술)를 구사할 때 1적구의 두께를 상당히 많이 겨냥하는 것이다.

　이렇듯 회전이란 놈은 ①당점 ②스트로크 ③적구와의 충격
양 등 세 가지 삼각관계 속에서 탄생되고 변화도 이루며 운동
하게 된다는 것을 알아야 한다.

　우리가 공을 치거나 연습을 할 땐 이 삼각관계의 원리를 동
시에 의심선상에 올려놓고 공의 진로변화를 느껴야한다. 그
런 속에서 자기만의 기준이 생기는 것이고 가장 자연스럽고
편안한 진로의 길을 찾을 수 있는 것이다. 이런 식으로 개념을
이해하고 기준을 잡아가는 행동이 제대로 된 연습인 것이다.
맹목적으로 땅땅! 치면서 암기하듯이 연습하지 말자~^^

02

초이스
무엇을 어떻게 칠 것인가?

'상대선수가 공타를 치고 데굴데굴 공이 멈춰 섰다. 이 순간부터 무엇을 칠 것인지 나는 고민한다. 그리고 허리를 숙인다….' 이것을 흔히 초이스라고 한다.

초이스는 현재 공이 위치한 상황에서 무엇을 칠 것인가를 고민하는 것 뿐 아니라 어떻게 공략할 것인가도 비중이 높다.

1. 어떤 유형의 공을 칠것인가?
– 바깥돌리기, 안으로돌려치기, 긴각치기, 제각돌리기, 빗겨치기 등 하나의 유형을 우선 선택한다. 이것은 단순히 공을 맞추기 적절한 가장 확률 높고 치기 쉬운 것을 선택하는 것과 같다.

2. 공략법을 설계한다.

- 첫 번째, 포지션! 치고 나서 어디로 공을 어떻게 세워야 할지를 먼저 고민한다. 때론 다음 공을 쉽게 치기 위해, 때론 수비를 생각하는… 포지션 플레이를 하는 것이다.
- 두 번째, 그런 포지션을 연출 하려면 어떤 두께와 어느 정도 힘 조절로 구사해야 하는지 고민한다.
- 세 번째, 최종 당점을 결정 짓는다.

위 1, 2번 항목을 정한 시간 내에 빠르게 판단해야 하는데 경험미숙이나 판단 착오로 낭패를 보는 경우가 많다. 하지만 반대로 현명하고 빠른 판단으로 원하는 대로 구사만 된다면 단 몇이닝 사이에 많은 득점과 수비가 원활해져서 상대와의

격차를 쉽게 벌릴 수 있다. 하점자의 경우 다른 부분도 미숙한 부분이 많겠지만 초이스에서 이미 격차가 벌어지는 경우가 비일비재하다.

    초이스를 하려고 보면 무엇부터 어떻게 설계해야하는지 난처한 경우가 많은데 일단 선택 패턴을 간략하게 도식화 해본다. 아래의 순서를 앞의 그림을 보며 이해하도록 하자.

① 공격 유형 선택

⇩

② 포지션 선택

⇩

③ 두께 선택

⇩

④ 힘 조절 선택

⇩

⑤ 당점 선택

03

각도
'긴각'과 '짧은 각'의 이해

당구테이블을 보면 정사각형이 두개 합쳐진 직사각형으로 되어 있다. 우리는 공을 칠 때 어떤 때는 '길다', 어떤 때는 '짧다'라고 한다. 우선 어떤 경우가 긴것이고, 어떤 경우가 짧은 것인지 개념부터 이해해야겠다.

다음 〈그림 1〉처럼 수구가 1목적구를 맞고 2목적구 앞으로 빠지면 짧게 빠진 것인가? 길게 빠진 것인가? 쉽게 말해 공에 못 미처 뒤로 빠지는 경우를 '짧다', 넘쳐서 빠지는 것을 '길다'라고 표현한다. 그렇다면 단축을 먼저 겨냥해서 칠 경우와 장축을 먼저 겨냥해서 칠 경우를 살펴보자. 다음 〈그림 2, 3〉들은 각각 짧게 빠지는 경우와 길게 빠지는 경우를 그려보았다. 결국 짧게 빠지는 경우는 1목적구를 얇게 겨냥했을 경우고 길게 빠지는 경우는 두껍게 겨냥했을 경우다. 보통 길게 빠질 경우는 짧게 구사하려 노력해야하고 짧게 빠질 것 같은 경우는

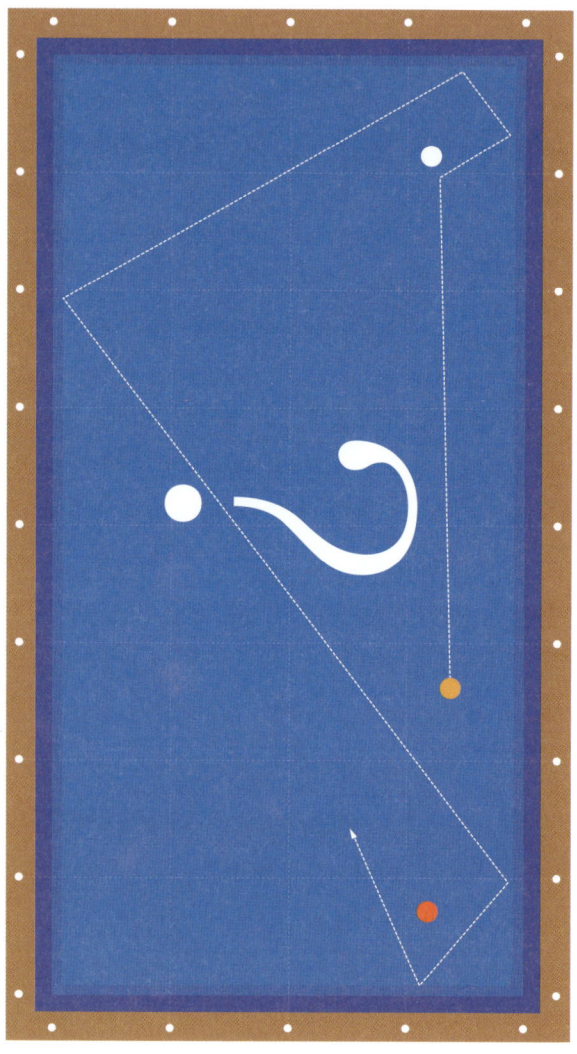

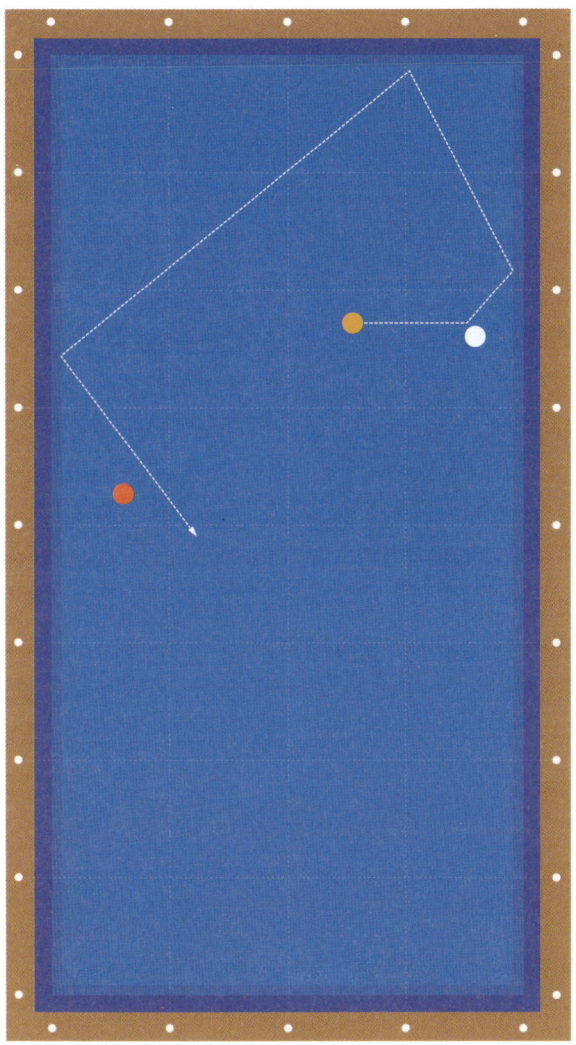

짧게 빠진 경우

● 그림3

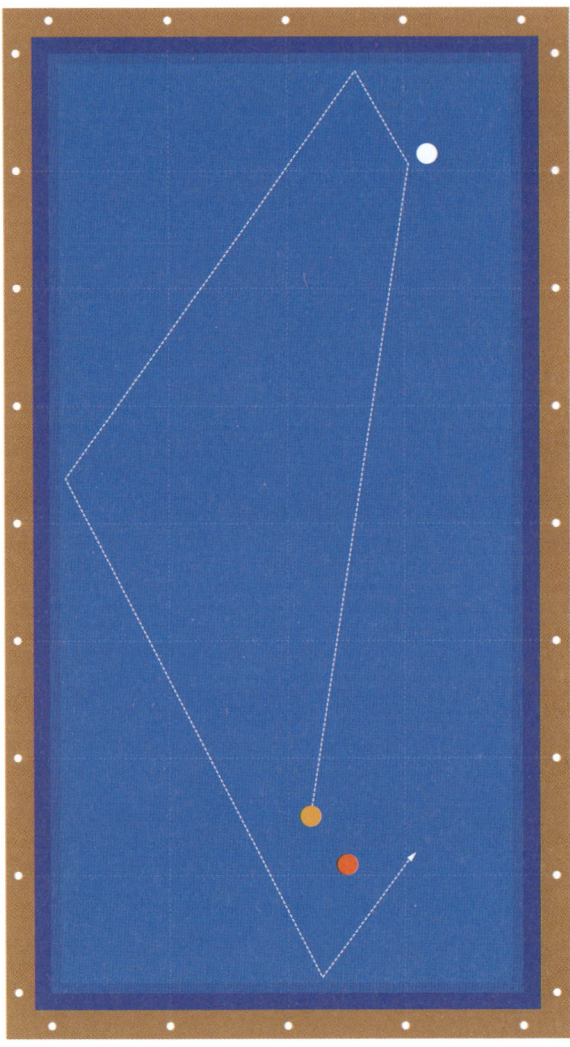

길게 빠진 경우

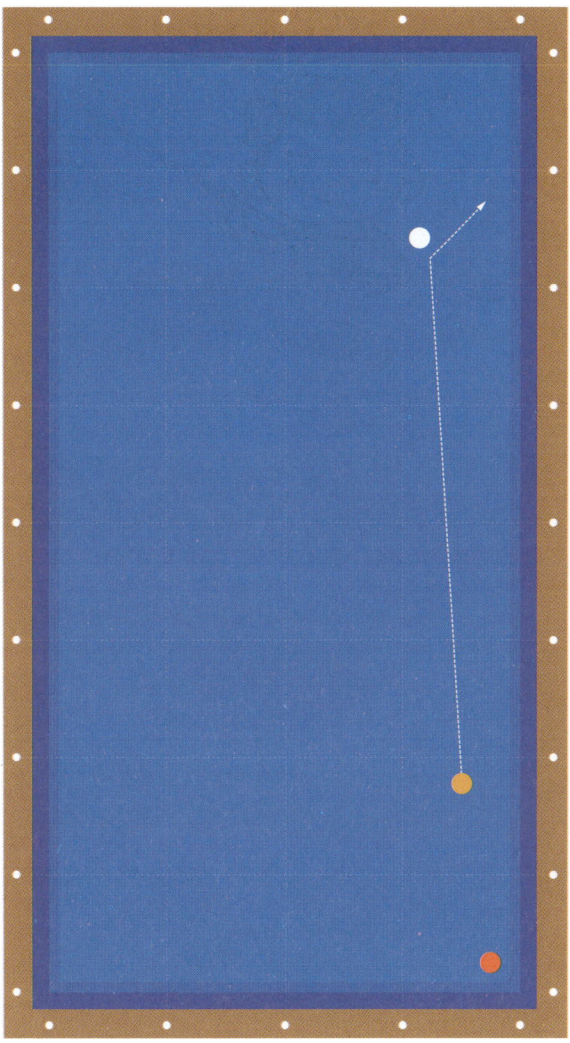

바깥돌리기를 구사 할 경우

길게 치려고 노력해야 한다. 이 경우 오차를 확연히 줄일 수가 있고 득점으로 이어질 확률이 높아지는 것이다. 이 부분 때문에 긴각과 짧은각에 대한 이해를 해야한다. 〈그림 4〉인 경우 짧아질 확률이 높을까 길어질 확률이 높을까? 판단해보자. 바로 이런 것이다. 단순히 득점을 목표로 하거나 초이스를 하려고 할 때 최우선으로 현재 놓여진 상황이 자칫 길어질 확률이 높은 상황인지 짧아질 확률이 높은 상황인지를 우선 인지하고 설계하는 것이 바람직하다는 것이다. 별거 아닌 이해 같지만 아마 이것만 가지고도 놓여진 상황을 공략할 때 득점으로 이어질 확률이 두 배나 높아진다는 것을 알아야한다.

04

예비샷
본샷을 미리 예측한다

흔히 본샷에 앞서 시계추처럼 흔들흔들 거리는 행위를 예비샷이라고 한다.

무턱대고 의미 없이 또는 폼으로, 아니면 대충 흔들다가 본샷을 가하는 동호인들이 꽤 많은 것으로 안다. 아뿔싸! 당구는 그 어느 것 하나 정말 중요하지 않은 게 없나 보다. 예비샷은 마치 본샷의 어미와 같다. 본샷을 미리 예측 할 수 있는 샷이라고 보면 된다.

예를 들어 본샷을 잘라치고 싶다고 가정하자. 그렇다면 예비샷도 잘라치듯 해야 한다. 본샷을 부드럽게 굴려치고 싶다 치자. 그렇다면 예비샷은 부드럽게 굴리듯 넘실거려 줘야 한다. 또한 강하게 임팩트를 가하고 싶다 치자. 그러면 예비샷도 강하고 빠르게 해야한다. 즉, 내가 구사하고자 하는 스트로크를 미리 예비동작으로 하는 것이다. 이 부분이 왜 중요할까? 생각해보자.

　내가 부드럽게 큐를 내밀고 싶은데 거친 예비샷을 하다가 갑자기 부드럽게 내밀어지겠는가? 당구는 하나에서 열까지 모두 자연의 법칙을 거스를 수 없는 경기다. 무엇하나 엉클어지면 득점에 매우 큰 영향을 미친다. 매 단원마다 중요하다 중요하다를 연발하는데 어쩔 수가 없다. 실제 중요한 비중을 논하기 힘들 정도로 다 중요한 것이다. 예비샷 또한 앞서 말한 초이스에서 판단해야 할 요소다. 현재 설계한 대로 구사하려면 어떤 본샷을 해야 하고, 그 본샷을 구사하기 위해선 그 본샷의 뿌리와도 같은 예비샷에 충실해야한다는 것을 반듯이 밑줄 쫙쫙 긋고 실행에 옮겨야 한다. 아마 기막힌 샷이 나올 것이다.

216

05

장비 이야기
심리적인 그리고 물리적인

갑자기 생뚱맞게 장비 얘기를 거론하냐고 의아할 수 있다. 하지만 온전한 한샷을 구사하기 위해 부수적인 심리 또는 물리적 요소들도 무시할 순 없기 때문이다. 이 부분은 중요하다기보다 온전히 갖추고 그 활용도를 극대화한다면 멘탈이 매우 중요하게 차지하는 당구스포츠에선 심리적으로 꽤 도움이 되기 때문이다. 큐 같은 경우는 심리적인 부분 플러스 물리적인 부분도 도움을 많이 받는다.

첫째 큐와 팁, 당구큐는 브랜드도 많고 제각각 장점들도 많은데 어느 누구에게는 그 장점이 단점이 될 수도 있다는 것을 알고 대하자. 가령 때려치기를 좋아하는 친구가 탄력이 강한 큐를 선택한다면 그 친구의 임팩트는 더욱 넘쳐서 공이 어디로 튈지 예상하기 힘들 것이다. 반대로 부드럽게 굴려치는 선수에게 더 부드러운 큐를 내민다던가… 이런 경우다. 대체로

조합이란 말 그대로 조화를 이뤄야 한다. 본인이 원치않게 자주 때려치거나 잡아쳐서 공에 자꾸 임팩트를 가하게 된다면 가급적 부드러운 큐를 갖고 치면 좋고 팁 역시 부드러운 것을 사용해야 한다. 반대로 부드럽게 구사하는 사람들은 탄력 좋은 큐를 사용하는 것이 좋다.

둘째 익스텐션, 익스텐션은 자세가 아슬아슬하게 잘 안 나올 때 후미 부분에 연결하여 못미치는 부분을 해결하는 도구를 말한다. 일반인들에게는 해당사항이 적지만 초를 다투는 시합 상황에선 익스텐션을 조립하고 해체하는 시간도 신경이 쓰인다. 따라서 나사산이 많은 익스텐션은 가급적 피하는 것이 좋고 신장이 작은 분은 이왕 구입하는 익스텐션은 짧은 것보단 긴 것을 선택하자. 익스텐션을 꽂았는데도 자세가 안나오면 오히려 더욱 불편할 수 있기 때문이다.

셋째 초크, 가루가 많이 날리는 초크도 있고 잘 부서지는 초크도 있고 딱딱한 초크 부드러운 초크 등등 다양하다. 초크는 딱히 어떤 유형의 장점이 있다라고 말하기 곤란하다. 본인 취향에 맞는 것을 선택하면 된다. 한 가지 초크 사용팁을 말하자면 팁 수명을 가장 단축시키는 주범이 바로 초크라는 것! 아시는지요? 초크를 팁에 대고 마구마구 갈아내듯 묻히면 그만큼 팁도 수명을 줄인다는 것을 함께 알고 사용하여야 한다. 초크는 팁 전면부위에 살짝 몇 번만 묻혀주면 된다. 참고로 초크는 묻힐 때 가루나 조각이 아래로 떨어진다. 따라서 테이블 위에서 묻히는 행위는 삼가해야 한다. 비매너에 해당된다. 실제 단시간에 테이블 수명이 짧아지는 이유는 주범이 초크가루이며 초크로 더러워진 공 때문이다.

넷째 줄, 보통 '야스리'라고 많이 불리운다. 공을 자주 치거나 미스샷을 하다보면 팁 전면부위가 매끈해지거나 밋밋해진다. 그럴 때 살짝 거칠게 다듬어주는 도구다. 이 도구 역시 팁의 수명을 가장 단축시키는 주범이다. 거친 도구이니 만큼 살살 다루자. 시합 중에 상대방이 깊이 고민하고 신중하게 샷을 준비하는데 뒤에서 탁탁 거리며 팁을 다듬는 행위는 절대 삼가해야 한다. 매우 비매너다. 만약 필요하다면 상대가 샷을 마친 뒤 내 차례일 때 탁탁 슥슥 하고 나가야 한다. 아마 매너 좋다고 칭찬받을 것이다.

다섯째 그립과 장갑, 손에 땀이 많은 분은 큐걸이손에 장갑을 끼거나 심지어 그립을 취하는 손에도 장갑을 끼는 경우가 있다. 큐걸이 손에 장갑은 큐질을 부드럽게 해주는 장점이 있지만 감각을 둔화시키는 단점이 있다. 그래서 손가락 끝부분이 잘려있는 장갑이나 손가락만 끼는 손가락 장갑 등의 제품이 나오곤 하는데 이 부분은 각자가 극복해야할 부분이다. 그립은 단순히 미끄러짐을 방지하기 위함을 떠나 큐 무게도 더 나가게 되는 요소이나 신중하게 선택하자. 고가의 얇고 투명한 그립은 무게감이 없고 이쁘고 그립의 제역활을 하지만 사용을 거칠게 하면 쉽게 손상되는 단점이 있고 두꺼운 고무그

립은 원치 않게 무게를 더 증가시키는 요소가 됨으로 단점이 될 수도 있지만 장점이 될 수도 있다. 또한 손가락이 짧은 사람은 차마 다 쥘 수 없을 수도 있다. 그립 역시 본인의 취향에 맞게 선택하여 사용하면 된다.

중요한 부분은 모두 열거 하였는데, 그 회 왁스, 수건 등 소소한 장비들이 꽤 된다. 공을 치러 다니다보면 어떤 동호인들의 가방에선 온갖 만물상처럼 쏟아져 나오기도 하는데 정말 많다는 것을 새삼 느낀다.

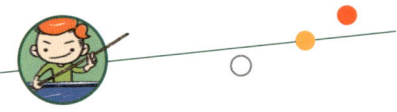

06

테이블 · 쿠션 · 공
속성에 대한 이해

테이블 · 쿠션 · 공은 앞에 말한 장비들과는 다르다. 장비라
기보다 경기를 위한 경기장의 요소로 보면 된다. 사람들은 공
을 잘치기 위해 장비와 샷의 기술에만 신경을 쓴다. 그런데 가
만 생각해보면 테이블 · 쿠션 · 공에 대한 이해는 뒷전인거 같
다. 명장이 전투에 앞서 전투 장소를 유심히 살펴보는 것은 매
우 중요하다. 산악 지역인지 수중인지 도심인지 등등 그 상황
에 맞게 아군의 포지션을 적절히 하여 최상의 효과를 얻으려
하기 때문이다.

당연히 안다고 생각하는 이 세 가지 요소를 정말 잘 알고 계
실까? 묻고 싶다.

첫째, 공의 정상적인 지름과 무게는 각각 몇 센티(cm), 몇 그
램(g)인가? 그리고 무엇으로 만들어졌는가?

둘째, 테이블 속에 있는 돌은 어떤 것이고 얼마 만큼의 두께와 무게일까? 라사천은 결이 어느 방향으로 되어 있을까?

셋째, 쿠션은 무엇으로 만들어질까? 생고무로 만들어질까 플라스틱이나 실리콘류로 만들어질까?

위 질문에 모두 정답 또는 유사답을 내린다면 '통과!'다. 왜 유사답이란 표현을 썼냐면 브랜드별로 약간의 차이가 있기 때문이고 같은 브랜드라도 가격 레벨에 따라 사용재료가 다르기 때문이다. 하지만 크게 벗어나지 않는다.

위 사항을 왜 다루냐면 지피지기면 백전백승이라했다. 공을 치기 앞서 상대 선수만이 적이 아니다. 내가 다루고자 하는 이 경기장 또한 내가 극복해야할 또 하나의 적이라는 것이다. 손자병법에 자주 등장하는 병법 중 하나가 바로 적을 이용하는 기술이다. 그 점을 논하고 싶은 것이다.

신규 테이블은 유분끼도 많고 라사천에 때도 안끼어서 공이

거의 공중부양하는 기분으로 미끄러지는 현상이 심하다. 그 반대로 사용감이 많은 동네 후미진 클럽의 테이블은 유분끼가 전혀 없고 라사천 사이사이에 찌든 때가 공기층을 '땜빵(?)'하고 있어서 공의 구름도 적고 미끄러짐도 없이 공이 튀는 현상이 생긴다. 심지어 공이 감기는 현상까지 생긴다. 이런 테이블에선 회전을 구사하는 공보단 각으로 구사하는 공략법이 더 잘 통한다.

쿠션은 그 높이가 바닥에서 몇 센티(cm)인줄 아는가? 공의 어떤 면을 때리는가? 이것은 공의 사용감도 함께 연관지어 생각해야 한다. 테이블은 새 것인데 공은 오래 사용한 것이라면 마모율이 심해서 가벼워지고 거칠어졌다고 생각해야 한다. 공이 쿠션을 맞고 진행되는 괘적이 달라지기 때문이다.

예를 들어 생고무 함량이 높은 흔한 아스트로쿠션은 반발력이 좋다. 그런데 쿠션날마저 낮게 해놓는다면 그 튀는 현상은 정말 예측불허하다. 이렇듯 테이블과 공과 쿠션은 각각 어떤 성질을 띠고 어떤 경기장의 규격을 갖고 있는지를 알고 있어야 작게나마 경기장을 대하는 태도도 달라지고 실제 공의 진행에도 큰 영향을 미친다.

실제 경기에서 두 선수들이 성적을 못내고 있을 때 종종 해설위원이 하던 말이 생각난다. "테이블 파악을 누가 먼저 하느냐의 승부가 될 것 같군요"라고….

07

명상의 중요성
멘탈 훈련

TV 경기를 보면 선수들이 공을 치고 자리에 들어와서 눈을 감고 차분히 있는 모습을 종종 보게 된다. 이 부분이 명상에 해당되는데 당구라는 스포츠에선 '명상이 매우 중요하다'고 필자는 주장하고 싶다.

'멘탈 스포츠다.' '신경전이다.' '예민하다.' '집중해야 한다.' 등등…, 이런 말을 자주하는데 이런 요소들 때문이다. 원치 않게 샷이 나가거나, 원치 않게 두께조절이 안되거나, 치고 나서 '왜 이걸 쳤을까? 바보같이 쎄게 쳤네…' 누구나 겪어봤을 것이다.

'명상!' 명상은 이런 혼란스런 판단을 정리해주는 아주 좋은 무기다. '너무 거창하게 깊이 들어가는거 아니냐 이러다 정신 수양 수련 도를 닦자…까지 가는거 아니냐?' 라고 우려의 말을 할 수 있는데 아이쿠 어쩌지요? 실제 모 선수는 그렇게 까지 한답니다.^^ 우리는 살아가면서 그 어떤 것이든 대충대충 하는 습관이 있다. 열심히 한다 해도 그건 열심히 하는 것이지 제대로 하는 것이 아닌 게 한두 가지가 아니다.

허둥지둥 속에선 눈앞에 있는 것도 못 보는 경우가 생기고 실제와 다르게 해석되거나 보이는 경우가 많다.

당구의 고수가 되기 위해선 공통적인 몇 가지 요소가 있다. 마치 앞서 말한 본샷에 앞서 취하는 예비샷처럼 꼭 선행되어 야 할 성격적인 요소가 있다.

차분해야 한다. 차분함과 진지함은 다르다. 너무 진지하면 그것은 긴장으로 이어지지만 차분하면 오히려 긴장이 풀릴 수 있다. 차분함과 진지함은 겉으로 표출되는 모습은 유사해도 성질은 완전 반대다. 대개 차분한 사람이 공을 잘친다. 내가 차분한 스타일이 아니라면 경기 때만이라도 또한 샷을 준비하고 날리는 순간만이라도 차분해져야 한다. 흥분하면 그 게임은 진다. 그러기 위해서 바로 명상이 중요한 것이다. 손쉽게 짧은 순간에 '당구용 명상'이랄까? 요령을 선보인다. 눈까지 감을 필요는 없다. 그건 동네당구장에서 공을 치는데 오버다. 눈을 뜨고 있되 잠시 시선을 다른 곳에 두고 들숨은 깊게 마시고 날숨은 길게 내뱉자. 두세 번만 해도 차분해진다.

기왕이면 들숨은 코로 날숨은 입으로 하고 들이키거나 내쉴 때 모두 천천히 하는 것이 좋다.

내 차례가 돌아오기까지 족히 서너 번 이상의 호흡은 하고 일어날 수 있는데 효과가 꽤 있다. 차분해지고 맑아지는 경험을 하게 될 것이다.

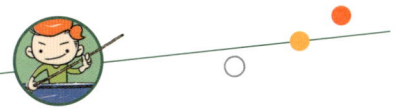

08

게임 운영에 대한 설계
철저하게 냉정하라

당구라는 게임은 상대와 시합을 겨루지만 실상 나 혼자 하는 스포츠라고 할 수 있다. 내가 잘해도 상대가 더 잘하면 지는 것이고 내가 못해도 상대가 더 못하면 거꾸로 이기는 스포츠다. 그래서 앞서 말한 명상도 스스로 원활한 게임 운영을 하기 위한 행위인 것이다.

하지만 평정심을 유지하며 게임을 한다는 것이 쉽지만은 않다. 상대의 수준 높은 공격과 자신의 예기치 않은 실수 등으로 뜻하지 않게 위축될 수도 있기 때문이다. 따라서 당구 게임에서 특히 중요한 것이 냉정해야 한다는 것이다. 어렵더라도 철저히 냉정하려고 노력해야 한다.

당구를 잘 치려면 공만 볼 줄 알아야한다. 상대의 경기력에 의해 나의 패턴이 흔들리면 안 된다.

내가 10대1로 이기고 있어도 부저를 누르는 순간까지 최선을 다해야 한다. 반대로 10대1로 지고 있어도 마찬가지다. 언제 하이런이 나올지 모르기 때문이다.

나 자신도 모르게 상대의 눈살을 찌뿌리게 하는 비매너적 행동을 할 수도 있기 때문에 행동에도 신경써야한다. 당구라는 묘한 스포츠는 한번 눈 밖에 나면 동호인들 속에 소문이 퍼질 수도 있다. 좋지 않은 소문이 돌아 게임을 피하려는 현상도 빈번히 일어나기 때문이다.

매너도, 게임경기력도 높이려면 평소에 좋은 습관을 들여야 한다. 게임을 끝낸 후의 모습도 중요하다.

이긴 사람은 진 사람의 기분을 생각해서 과하게 기뻐하는

등의 행동을 주의해야한다. 또한 졌을 때 너무 사사로운 지난 행위를 지적하거나 투덜대는 등 소위 '삐침' 행동을 하는 것도 밉상이다.

이상적인 모습은 이긴 자는 조용히 큐를 접고 "잘 쳤습니다." 하면 된다. 진 사람은 역시 조용히 큐를 접고 "잘 쳤습니다." 하면 된다.

군이 불필요한 말과 행동으로 불편을 초래할 필요가 없다. 내가 하는 자연스런 행동이 상대에겐 불편할 수 도 있다는 것을 한번 정도 생각하고 행동하자. 그러면 아무 문제가 생기지 않는다.

게임운영을 잘 하다보면 자연스럽게 게임에 몰입할 수 있고 내 경기력을 최대한 끌어올릴 수 가 있다.

경기가 잘 안 풀릴 땐 수비로 갈 수도 있고 반대로 컨디션이 좋을 때는 과감하게 난구도 풀려고 노력하는 모습에서 기선제압을 할 수도 있다.

적절히 나의 상태를 스스로 체크하는 것도 게임 운영 중 하나다.

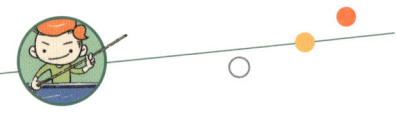

09

게임, 연습, 대회의 이해
기량 업그레이드

기량을 높이고 싶다면 게임 보단 연습 횟수를 높이고 대회에 자주 참가해 '서늘'하고 '짜릿'한 '실전의 맛'을 느껴야 한다고 본다.

동네클럽에서 주구장창 게임 횟수만 높이는 사람들이 늘 하는 말이 있다. "왜 난 실력이 안늘까? 넌 왜 그렇게 많이 치면서 실력이 안느니?" 이유는 당연하다. 잘못된 부분이 교정되기는커녕 오히려 더 굳어지기 때문이다.

나의 단점이 게임을 통해 교정되기란 쉽지 않다. 게임은 승부를 내야 하는 만큼 차분함이나 냉정함이 생기기 어렵기 때문이다. 게임을 하다보면 나도 모르게 늘 하던 나쁜 습관이 툭! 튀어나오기 십상이다.

이제 게임횟수를 줄이고 연습량을 늘려보자. 구장주에겐 죄송하지만 그 방법이 가장 기량을 높일 수 있는 방법이다. 하루

서 너 게임을 친다면 한 두 게임으로 줄이고 손님이 가장 적은 시간대에 입장해서 본인이 부족한 부분을 연습해야 한다.

연습은 말 그대로 연속해서 습득하려 노력해야한다. 특정 배치 또는 샷 자세 등 올바른 교정을 반복해서 그 느낌을 내 것으로 만들어 내는 것이 연습이다. 그렇게 연습을 통해 익힌 느낌과 기준을 실전에서 차분하게 끌어내는 것이다. 그것이 게임이 되면 그 게임은 연습의 연장이 될 수 있다. 오히려 더 좋은 연습이 될 수 있는 것이다.

최근 여러 대회가 열리고 있다. 작게는 지역구장대회에서 전국대회에 이르기까지 다양하다. 어떤 대회든 나가게 되면 실전에서 느낄 수 있는 특유의 긴장되는 분위기와 성적이 좋았을 때의 느낄 수 있는 짜릿한 쟁취감 등 여러모로 얻는 것이 많아진다. 나의 기량을 비교할 수 있는 기회도 되고 또 다른 목적을 품게 되는 도약의 발판이 되기도 한다.

운 좋게 트로피나 상금이라도 거머쥐게 된다면 뿌듯한 기운에 기량 향상에 보탬이 되는 마인드로 이어지기도 한다.

물론 무리한 대회 참가는 경계해야 한다. 적절한 휴식과 건강이 늘 함께 해야 한다는 것도 당연히 잊지 않아야 한다.

10

고수의 마인드
롤모델을 정하라

고수가 되려면 고수의 모습을 닮도록 노력해야 한다. 만약 쿠드롱이 롤모델이라 치자. 쿠드롱이 공을 치는 모습을 무수히 많이 보았을 것이다. 그렇다면 실제 공을 칠 때 마치 빙의라도 된 양 "그 모습을 떠올려라"라고 말하고 싶다. 그러면 그런 유사한 모습으로 샷을 뿌릴 때가 종종 생긴다. 그러면서 닮는 것이다.

고수의 모습들을 유심히 살펴보면 제각각 개성도 있지만 공통점 또한 있다. 앞서 언급했지만 첫째가 공을 대하는 차분함이다. 집중력이 그 속에서 나온다. 그리고 차분함에 가려진 냉정함과 승부욕이다. 마지막으로 흐트러지거나 흔들리지 않는 일관된 패턴의 모습이다.

고수는 자기 스타일이 있다. 일관성 있는 자기만의 패턴이 있다.

고수는 급하게 쫓기는 모습을 보이지 않는다. 상대방의 점수를 의식하지 않고 내 경기력을 최대한 높이려고 노력한다. 그리고 이 순간 어떻게 풀어나갈 것인지 만을 생각하는 것이 고수다. 당구는 그냥 철저히 나 자신과의 싸움이고 나 혼자 최대한 기록을 뽐내는 스포츠임을 명심하자. 물론 상대의 스타일을 의식하고 포지션에 신경 쓰는 정도로 상대를 의식할 순 있다.

결정적으로 고수는 생각하고 연구하고 연습해서 내 것으로 만든다.

고수의 모습을 흉내내다보면 어느새 나도 그들의 부류에 속해있고 천천히 내 개성과 섞여서 또 멋들어지게 달라진 내 모습을 발견하게 될 것이다.

PART
2

기술에 대한
원리와 적용 방법

11

자세(심화과정1)
시선

이미 본 책자의 앞부분에 거론된 자세를 왜 심화과정에서 다루냐면 그만큼 자세에서 수준 높은 고급 기술들이 나오기 때문이다. 시선, 그립, 브릿지, 스탠스 등 진정한 고수의 자세 완성에 가장 중요한 4가지를 좀 더 깊이 있게 다뤘다.

우선 '시선'이다. 두께를 정확히 보기 위해선 자세를 낮추는 것이 좋은데, 무조건 낮춘다고 좋은 것은 아니다. 가까이 있는 공은 상체를 오히려 높이는 편이 더욱 두께가 잘 보인다. 천천히 1적구가 멀어지면서 자세도 함께 비례하듯 낮아진다고 보면 이해가 될 것이다. 가장 먼공을 겨냥한다고 가정하자. 그렇다면 공치는데 불편하지 않을 정도로 포켓 선수처럼 가장 낮추는 편이 좋다.

물론 어떤 공략법을 구사 할 것인지, 설계가 끝난 뒤의 표현임을 잊지 말자. 먼공이라고 무조건 생각 없이 낮추기만 하고 공을 치면 엉뚱한 곳으로 갈 수 있다. 때론 자세를 살짝 높이고 시야를 넓혀서 치는 것이 더욱 득점력을 높이기도 한다. 고인이 된 이상천 선수가 그 모범 예이다. 자세를 낮추면 두께는 잘 보이지만 시야는 좁아지며, 자세를 높이면 시야는 넓어지지만 두께는 오리무중으로 빠지게 된다.

1적구와의 거리에 비례하여 가장 이상적인 높낮이 기준을 만드는 것이 핵심이다. 시선처리에 대하여 〈그림〉을 통해 이해하도록 하자.

12

자세(심화과정2)
그립

그립에서 많은 기교가 탄생된다. 검지와 중지에 비중이 쏠리는 경우와 약지와 소지에 비중이 쏠리는 경우 또는 중지와 약지에 비중이 쏠리는 경우, 손가락 전체에 비중이 쏠리는 펌그립 등 그립법이 다양하다.

물론 제각각의 그립도 중요하지만 샷을 뻗는 것에도 상관관계가 지대하다. 예를 들어 검지와 중지에 비중을 실고 큐를 날리듯 치면 속도감이 훨씬 잘 붙는다. 또한 약지와 소지에 비중을 실고 부드럽게 큐를 내밀면 살살쳐도 공의 구름이 오래간다.

다양한 그립법과 장단점을 〈그림〉을 통해 살펴보자.

일반.평범

잘라치기. 스피드 ↓

밀어치기 부드러움 ↑

잘라치기. 스피드 ↑

밀어치기 부드러움 ↓

13

자세(심화과정3)
브릿지

큐걸이도 그립 못지않게 다양하다. 중요한 것은 큐걸이는 튼튼해야한다는 것이다. 물론 항상 튼튼할 필요는 없다. 섬세한 샷을 구사해야 하는 경우 꼭 튼튼할 필요는 없다. 그래서 뱅킹을 시도할 때 선수들 중 일부러 오픈 브릿지를 사용하는 경우도 종종 있는 것이다.

대체적으로 큐걸이는 튼튼해야하며 감싼 손가락과 큐 사이로 공간이 보여서는 안 된다. 그렇다고 큐가 움직이지 못하거나 뻑뻑할 정도로 꽉 잡으란 뜻은 더더욱 아니다. 큐가 최대한 부드럽게 들락날락 거릴 수 있어야하고 정확한 타점을 구사할 수 있게 흔들려선 안된다는 뜻에서 튼튼해야 한다는 것이다.

흔히 큐걸이 손가락 끝에는 힘이 잔뜩 들어가 있지만 나머지 근육에는 힘을 최대한 풀어야 한다. 자연스러운 큐질을 위해서다.

다양한 그립법을 〈그림〉을 통해 이해하도록 하자.

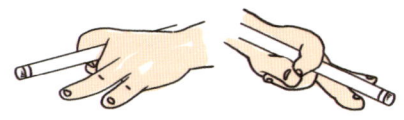

하단 당점 겨냥 할 때

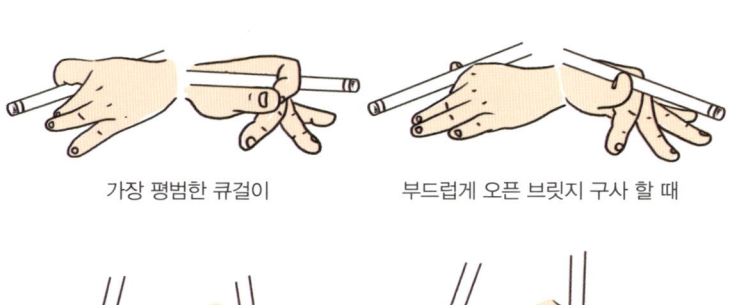

가장 평범한 큐걸이   부드럽게 오픈 브릿지 구사 할 때

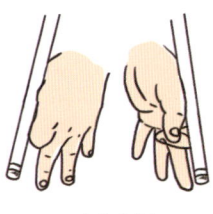 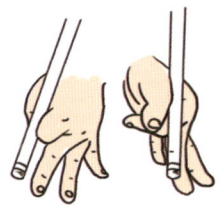

마세 유형 A   마세 유형 B

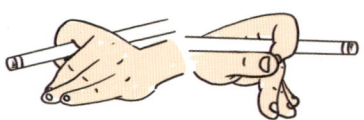 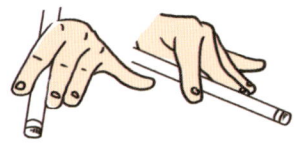

상단 당점 겨냥 할 때   레일에 붙었을 때

14

자세(심화과정4)
스탠스

'스탠스' 자세 중에 가장 근본이 되는 부분이다. 그런데 이 부분을 쉽게 보는 경향이 많다. 의외로 스탠스도 종류가 여러 가지가 있다.

일단 다리를 벌리는 축의 각도와 벌어지는 거리의 정도, 발끝이 향하는 위치, 구부리는 무릎의 정도 등 체크할 부분이 적지 않다. 하나씩 살펴보도록 하자.

섬세한 스트로크를 구사하기 위해선 두발이 너무 벌어지지 않도록 주의하고 발끝이 가급적 정면을 향하도록 하는 것이 유리하다. 그 이유는 섬세한 스트로크를 구사하려면 팔꿈치가 허리에 많이 붙을수록 좋은데, 그런 자세가 자연스럽게 나오려면 발끝이 정면을 향해야 하고 발끝이 정면을 향하면서 다리를 벌리는 건 부자연스럽기 때문이다. 반대로 강한 스트로크를 구사하려 한다면 팔의 스윙이 원활하도록 허리춤에서 어느 정도 떨어져있는 자세를 이뤄야한다. 이를 위해서는 발 끝의 방향이 45도 정도 측면으로 돌아야 하며 벌어진 발의 축이 45도 이상이 되어야 한다. 또한 벌어짐의 폭도 기준치보다 약간 더 벌려줘야 흔들리지 않는 강샷이 어렵지 않게 나오게 된다. 〈그림〉을 통해 스탠스의 구조를 알아보자.

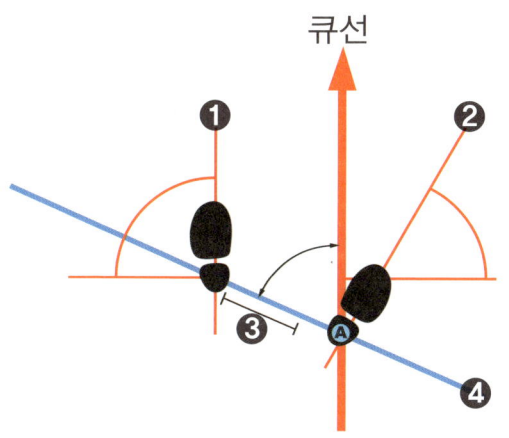

1번은 왼쪽발의 방향
2번은 오른쪽발의 방향,
3번은 양발의 벌어진정도,
4번은 뒤꿈치 축의 기울기 정도이다.

A지점은 큐선을 밟는 정점이다.
앞꿈치로 밟는것이 좋다는 분도 계시는데 이건 정답이 없다.
단지 인체구조상 뒤꿈치로 밟아줘야 큐선의 균형감이 더 잡힐것이기 때문이다.

15

스커드와 커브의 이해
나쁜 습관은 버려라

　공의 정면을 향해 가격을 하지만 회전을 주었을 때 타격 포인트의 위치에 따라 물리적인 현상이 생긴다. 3시 방향의 3팁을 주고 큐를 곧게 뻗었을 경우 어떤 타법으로 구사했느냐에 따라 도착지점을 기준으로 좌우 달라지는 경우가 생긴다. 우측으로 도달할 경우 '커브가 먹었다'고 표현을 하고 좌측으로 도달할 경우 '스커트가 생겼다'고 표현한다.

　커브와 스커트를 정교하게 잘 이용하면 회전을 최대로 주고 친다 해도 정면으로 향하게 도달 시킬 수 있다. 그 스트로크의 정도와 힘 배합을 찾아내야 한다.

　스커트는 흔히 '쾅!'하고 때려 칠 경우 발생된다. 큐가 정면을 향했지만 물리적으로 공은 우측을 가격 당했음으로 공의 중심과 연결한 반대방향으로 튕기려는 현상이 생긴다. 하지만 큐로 어느 정도 '쑥~' 정면을 향해 넣었음으로 대체적으로 정면을 향해 이동하지만 약간 반대반향으로 움직이려는 물리적 현상과 더해져서 살짝 좌측면으로 떨어지는 현상을 말한다.

커브는 반대로 공을 눌러치거나 부드럽게 구사하였을 경우 회전이 말리는 쪽으로 기울려고 하는 물리적 현상이 생기는데 그 값이 스커트값 보다 많을 경우 슬며시 안으로 감기는 모습이 연출되어 우측방향으로 도달된다. 그런 현상을 감기는 현상, 곡구현상, 또는 커브현상이라고 말한다.

본능적으로 가장자리 회전을 주고 곧게 뻗으라고 하면 초심자들은 불안하다. 소위 미스샷이 나올 것 같고 공이 정면을 향해 갈 것 같지 않다. 그런 불안한 마음을 해소시키기 위해 본능적으로 큐를 틀어 쳐서 애매한 기분을 해소한다. 그런 속에서 틀어치는 몹쓸 습관이 생기고 그렇게 출발한 공은 2팁을 줬어도 3팁으로 출발한 원치 않는 회전양이 급증하게 된다. 그런 불안정한 값의 회전양으로 공 맞추기를 반복하니 안좋은 습관이 계속 쌓이게 되는 것이다. 과감히 버려야 한다. 물론 경우에 따라 틀어치는 스트로크도 하나의 기술이지만 시종일관 그렇게 치는 것이 않좋다고 말하는 것이다. 큐걸이만 튼튼하고 큐만 곧게 뻗어준다면 스커트와 커브는 생길지언정 미스샷은 절대 나오지 않는다. 그리고 스커트와 커브가 많이 생길 것 같지만 의외로 그 오차는 그리 크지 않다.

〈그림〉을 통해 스커트와 커브의 모양을 살펴보자.

● 그림

A 스카트
B 커브

〈횡회전을 주고 힝(2)메를 칠욺때.〉

A방향-스카트는 뒤는 현상이라 겅로가 직선의 모습이다）
B방힝-커브（카브）는 뒤는 현상이라 겅로가 곡선의 모습이다.

스카트는 큐의 스피드를 놉혀서 타겥을 주앙을때 받샹 타겥의 정도에 따라 달라짐
카브는 큐의 스피드를 낮주고 부드럽게 굴라가나 노점을때 발샹

※스카드와 카브가 걷은 강의때 가넌한 포인트로 힝힜. 그 스피드의 강약을 칮는것이 핵심

246

16

종(縱)과 횡(橫)의 이해
전진과 분리

당구에서의 '종'(縱, 세로)은 '전진력'을 '횡(橫, 가로)'은 '분리력'을 의미한다.

공의 구심력(무게중심)을 살려 스트로크를 곧게 구사하는 모습이 종의 모습이다.

반대로 회전력을 살리고 분리각을 이용하여 스트로크를을 틀어치거나 잘라친다면 그건 횡의 모습이라고 볼 수 있다.

각각 장단점이 있기에 실상 초고수는 두 가지 속성을 몸에 익혀서 상황에 따라 종과 횡의 모습으로 구사한다.

쉽게 말해 '부드럽게 굴려치는 공'과 회전력을 극대화하여 '빠르게 잘라치는 공'도 있다는 뜻이다.

그런데 대체적으로 원활한 득점과 포지션플레이 등 후공을 생각한다면 종의 속성으로 공을 다루는 것이 효과적이고 그래서 고수들 사이에선 보편적인 스트로크가 되었다.

종 縱　　　　횡 橫

　반대로 하점자들은 본능적으로 틀어치거나 잘라치는 횡의 속성으로 많이 친다. 특히 하점자일 수록 이미 횡의 속성에 어느새 길들어져 있어 종의 속성을 찾으려고 부단히 노력하는 경우를 많이 보곤 한다.

　'굴려쳐라' '팔로우샷을 해라' '밀어쳐라' '등속샷을 해라' '구심력을 이용해라' 등 표현하는 모든 것이 모두 '종의 속성을 구사해라'라는 뜻으로 이해하면 편하다.

　왜 종의 속성이 유리하냐면, 득점을 하기 위해선 자연의 섭리라 할 수 있는 소위 시스템이라는 것이 있다. '어딜 맞추면 어디로 간다'는 정해진 진로 말이다. 그런 정해진 진로로 공을 보내면 큐에서 떠난 공은 쿠션에 의해 마지막 종착지에 자연스럽게 머물기 때문이다.

　하지만 횡의 속성은 튀거나 꺾이거나 팽글팽글 도는 회전양이 쿠션을 타고 어떻게 변화되어 종착지에 머물지 감을 잡기 힘들다. 감을 익히더라도 종의 감각을 익히는 것이 다득점에 훨씬 유리한 것은 분명하다. 쿠드롱이 구사하는 스트로크가 종의 속성으로 구사하는 초절정 스트로크라고 보면 이해가 빠를 것이다.

17

다운샷과 업샷
변칙 스트로크

여러 스트로크 중에 추천하고 싶은 '변칙 스트로크'를 소개한다. 바로 '업샷'과 '다운샷'이다.

우선 업샷과 다운샷은 아무 때나 구사하진 말자. 자칫 습관이 되어 평범한 공의 배치에도 구사하여 오히려 낭패를 보게 될 수 있기 때문이다.

업샷과 다운샷은 타격포인트에서 '어느 정도 팔로우로 공을

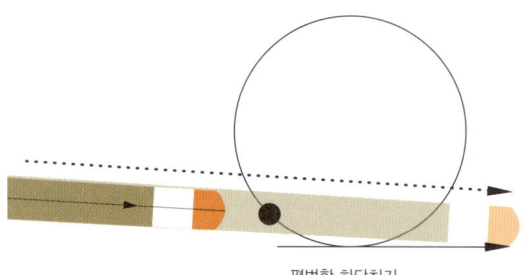

평범한 하단치기

달고 간다'는 가정 하에 다음 내용을 열람하여야 한다.

· **업샷**

하단을 주고 업샷을 하게 되면, 하단 당점에 머무는 파워가 강해져서 끌리는 정도가 평범한 하단치기보다 배나 커지는 것을 목격하게 된다. 업샷은 '멀리 있는 공을 원활하게 끌어치고 싶다' 거나 또는 '끌리는 힘을 폭발적으로 구사하고 싶을 때' 사용한다. 한 가지 업샷의 단점은 자칫 테이블댐방에 큐가 찍힐수도 있음으로 주의해야 한다.

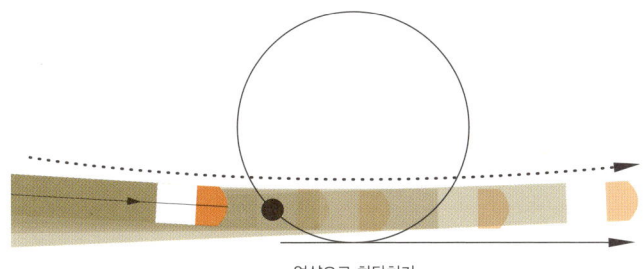

업샷으로 하단치기

· **다운샷**

상단에서 다운 또는 중단에서 다운하는 경우다. 이미 하단을 준 상태에서 다운샷은 위험하다.(업샷도 마찬가지다.) 상단을 이미 겨냥하고 있는데 거기서 업샷을 강행한다면 뻔한 결과가 나오기 쉽기 때문이다. 다운샷은 대체적으로 중단이나 중하단 정도에서 눌러주듯 구사하는 샷이다. 부드럽게 구사할 경우 흔히 '공을 칠 때 밀리는 현상'을 없앨 수 있다. 짧은 바깥돌리기(짧은 우라)를 칠 경우가 그렇고 긴각 빗겨치기(긴 찡꼴라)를 칠 경우가 그렇다.

'밀리는 현상을 없애는 효과적인 스트로크'라는 것만 기억하자. 물론 다운샷인 경우 그 속도와 파워가 더해지면 그 끌리는 정도가 업샷보다 더 강하다는 것도 알아두자.

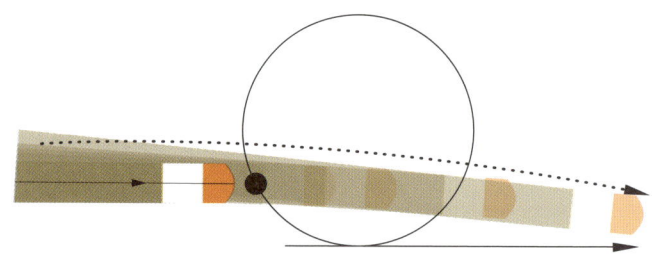

다운샷 으로 하단치기

18

관통 및 분리 기술
공의 질량을 높여라

　흔히 말해 관통샷은 공의 질량을 높여서 굴려치면 된다. 이 부분이 개념이다. 그렇다면 어떻게 해야 공의 질량을 높이고, 질량이 높아진 공을 데굴데굴 잘 구르게 할까?

　눈치를 채신 독자분도 계실 것이다. 공의 원리를 생각해보자. 가장자리를 치면 공의 질량이 높아질까? 공의 무게중심을 치면 질량이 높아질까? 아무래도 무게중심 쪽을 향해야 공의 질량이 높아진다.

　그렇다면 어떤 타법으로 쳐야 그 높아진 질량을 유지하면서 진행 시킬 수 있을까? 말 그대로 굴려주면 된다. 그런데 구심력을 이용하면서 어떻게 굴려준단 말인가. 굴려주려면 당점이 상단을 향해야하는데 말이다. 그래서 요령이 있다. 당점은 구심력을 이용하는 상단 1팁 ~ 2팁에 겨냥하고 팔로우로 짧은 거리를 이동한다. 여기서 주의할 점이 있다. 밀어주는 샷을 구사한 이유는 구심력을 살리기 위해서다. 그런데 이때 큐가 너무 깊이 들어가 버리면 구름이 없는 상태로 1적구에 닿을 수 있다. 그렇게 되면 오히려 분리각이 더 생겨버리고 소위 '나미'는 허공에 날라가 버린다.

반대로 분리를 손쉽게 하려면 공을 가볍게 보내면 된다. 공의 구심력이 없이 팽글팽글 도는 회전력만 남겨서 1적구에 도달시킨다는 느낌으로 공을 '툭' 쳐준다면 무겁게 굴려준 샷 보다 더 분리각이 쉽게 되는 것을 볼 수 있다. 분리를 더 크게 하려면 그땐 샷으로 '쾅!' 때리듯이 충격을 준다. 그러면 충격과 비례하여 더욱 큰 분리각을 볼 수가 있을 것이다.

물론 당점마저 하단으로 내려간다면 그땐 분리라기보다 끌림이 된다. 본래 '잘라치듯' 치는 끌어치기'가 힘은 없지만 순간 끌림은 더욱 강한 법이다.

〈분리〉 속도만 있고 질량이 낮을 경우   〈관통〉 속도는 느리지만 질량이 높을 경우

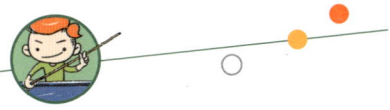

19

구를수록 늘어지는 기술

좀 더 깊게

긴각제작돌리기(긴 하코)를 구사하려면 짧게 빠지는 경우를 자주 경험하게 된다. 또한 크게제각돌리기(레지)를 구사할 때도 종종 짧게 빠진다.

길게 쭉쭉 늘어지는 타법을 소개한다. 간단하다. 힘이 뺏기지 않도록 큐를 최대한 깊게 넣어주면 된다.

아니면 '좀 더 깊게 넣는다'는 기분으로 넣거나 또는 임팩트 순간 팔로우(미는 힘)를 구사해주면 된다. 그렇게 되면 공은 전진력이 남아있어서 늡는 현상(길어지는현상)으로 연출되는 것이다. 이 모습의 결정판이 '황오시'인 것이다.

반대로 일부러 짧아지게 구사하고 싶은 짧은 제각돌리기(짧은하코)나 짧은 레지는 하단 또는 잘라치기를 구사하면 짧아지

는 모습을 볼 수 있게 된다.

여기서 팁! 그냥 잘라치면 공이 구르다 멈추는 경우가 생긴다. 따라서 '잘라치지 말고 눌러주듯' 팔로우 샷을 구사하면 자연스럽게 공도 힘이 살고 짧아지기도 한다.

20

알아두면 도움되는
기본 시스템 4가지

• 10포인트 시스템; 수구값의 절반 정도 되는 포인트를 치면 3쿠션 10포인트에 떨어진다. 〈그림 1〉

• 수구값의 절반에 떨어지는 시스템; 어디에서든 10포인트를 치면 3쿠션에 수구값의 절반 정도 되는 포인트에 떨어진다. 〈그림 2〉

• 30포인트 시스템; 어느 위치에서든 30포인트를 치면 반대의 수구위치로 떨어진다. 〈그림 3〉

• 플러스투 시스템; 대략 3쿠션값과 수구 위치까지 거리의 절반값 정도 단축을 향해 치면 3쿠션에 떨어진다. 〈그림 4〉

● 그림1

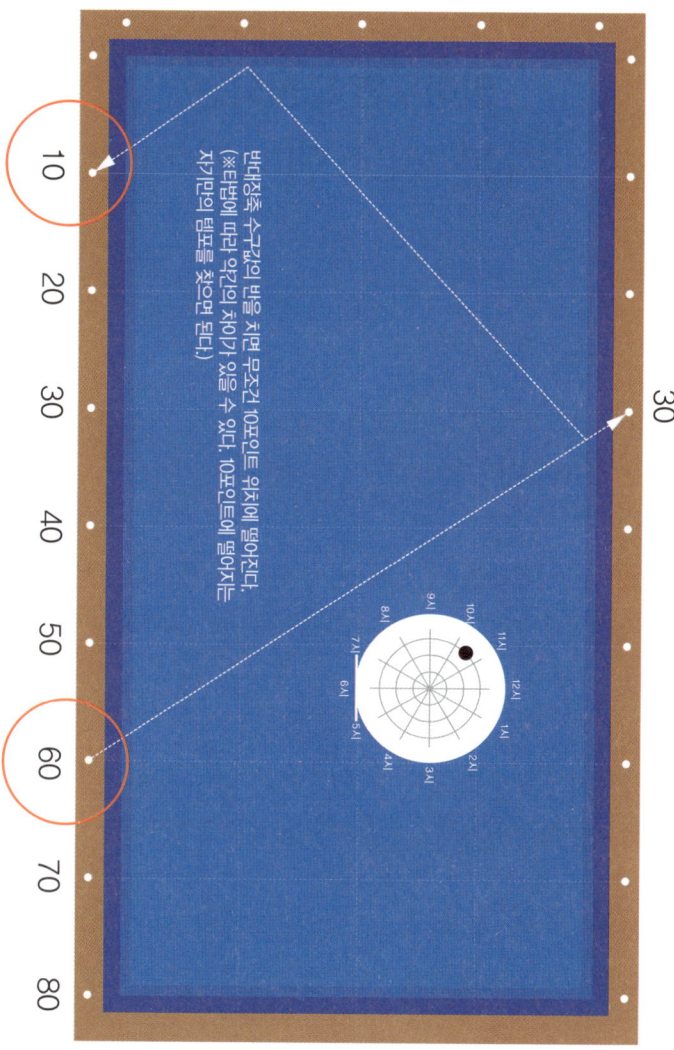

반대쪽 수구의 발을 치면 무조건 10포인트 위치에 떨어진다.
(※타법에 따라 약간의 차이가 있을 수 있다. 10포인트에 떨어지는
자기만의 템포를 찾으면 된다.)

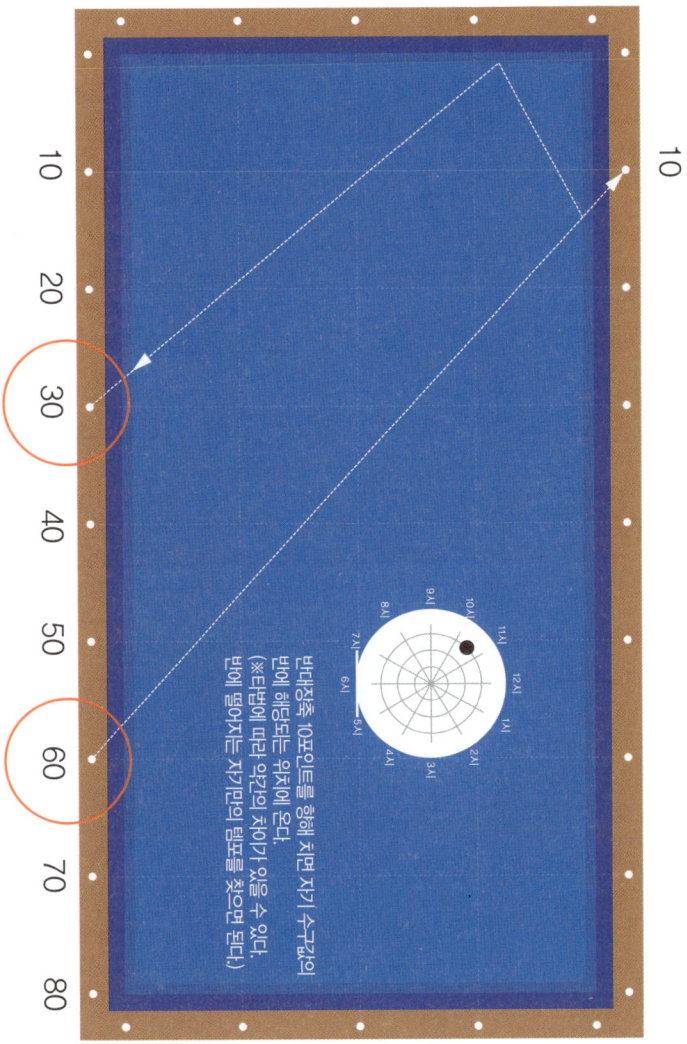

밴드쿠션 10포인트를 향해 치면 자기 수구가의
밴에 해당되는 위치에 온다.
(※타법에 따라 약간의 차이가 있을 수 있다.
밴에 떨어지는 자기만의 탑플을 찾으면 된다.)

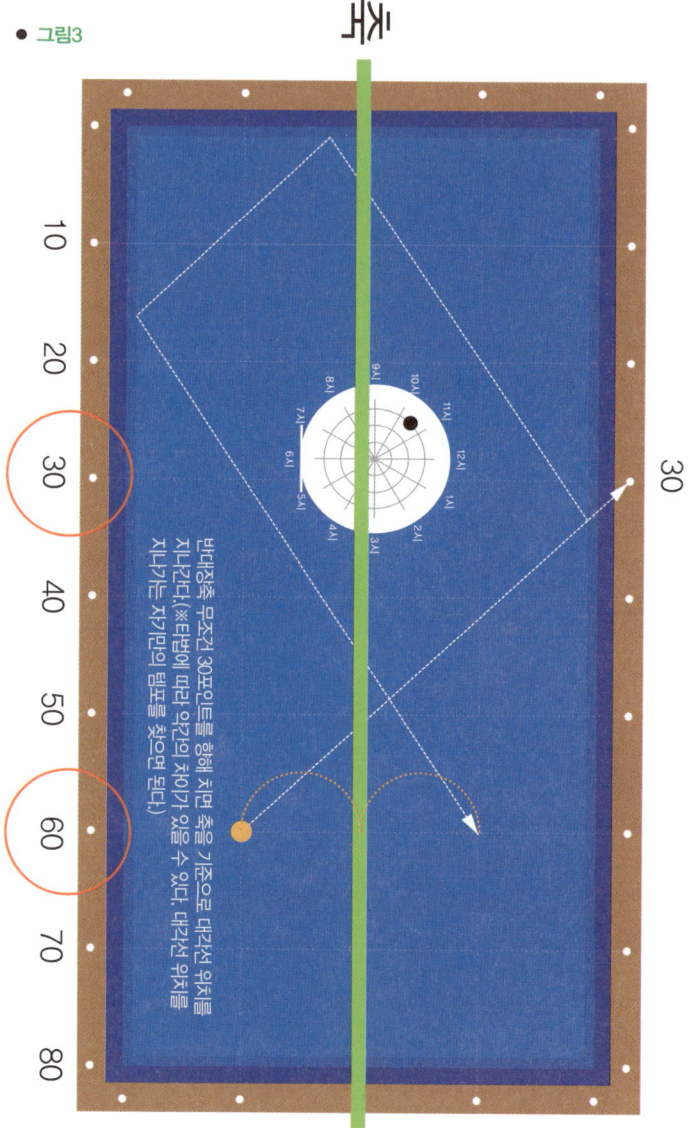

반대쪽축 무조건 30포인트를 향해 지면 축을 기준으로 대각선 위치를 지나간다.(※타법에 따라 약간의 차이가 있을 수 있다. 대각선 위치를 지나가는 자기만의 방법을 찾으면 된다.)

● 그림4

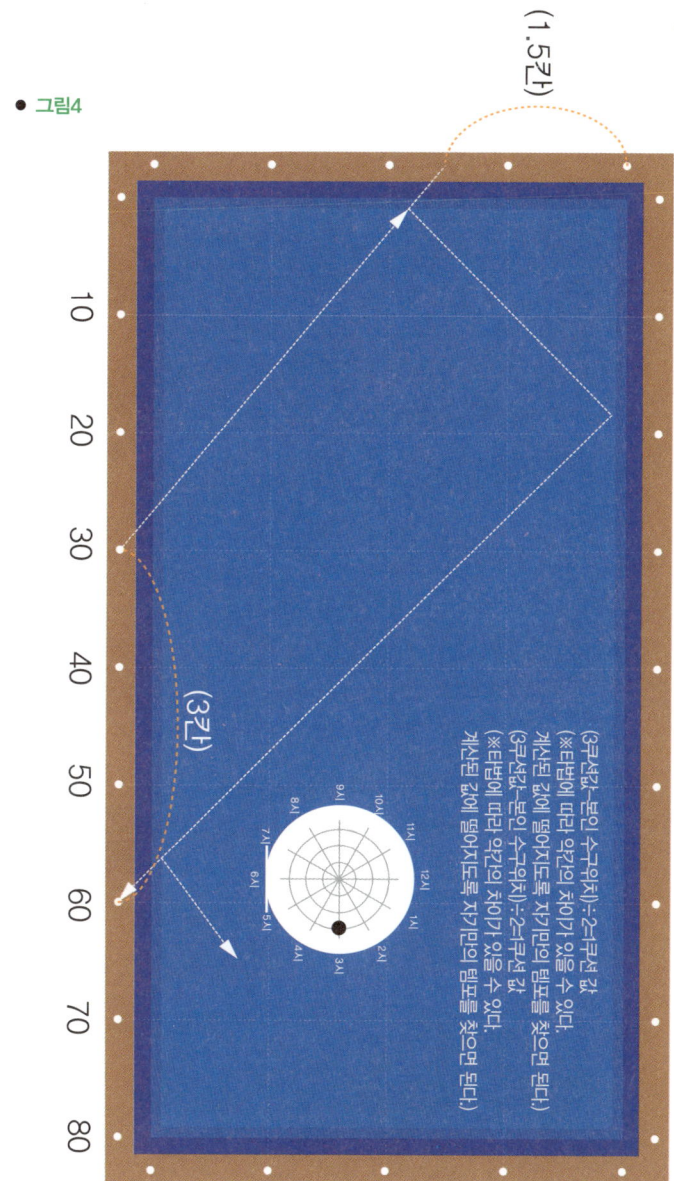

(1.5칸)

(3칸)

(3쿠션값=본인 수구위치)÷2=1쿠션값
※타법에 따라 약간의 차이가 있을 수 있다.
개산된 값에 떨어지도록 지면의 발포를 찾으면 된다.
(3쿠션값=본인 수구위치)÷2=1쿠션값
※타법에 따라 약간의 차이가 있을 수 있다.
개산된 값에 떨어지도록 지면의 발포를 찾으면 된다.